Berlin 29.3.1943 unter NS-Herrschaft

Am 29.3.1894 und 29.3.1943 fanden die ersten Frauenligagründungen in Deutschland statt. Mit dem Tag 29.3.1943 hängen einige Ereignisse der Nazizeit zusammen, die besonderes auch mit Griechenland, Römerreich und Portugal zu tun haben und einigen Holocaustopfern in Deutschland, Österreich, Italien, Israel. Für diejenigen, die am 29.3. geboren wurden, kann es auch eine interessante Lektüre sein.

Autor und Design
Heidi Ponta,
geb. 29. März 1943 in
Berlin als Tochter des
Philologen and Prähis-
torikers H. J. Ponta,
EItern 1945 †, selbst.
Export Kauffrau

© 2018 Heidi Ponta
2. Auflage
Verlag und Druck: tredition GmbH, 22359 Hamburg
ISBN: 978-3-7469-3059-6
Alle Rechte und Copyright vorbehalten
Alle Angaben ohne Haftung und Gewähr
Bibliografische Information der Deutschen Nationalbibliothek:
Die Deutsche Nationalbibliothek verzeichnet diese Publikation in der Deutschen Nationalbibliografie; detaillierte bibliografische Daten sind im Internet über http://dnb.d-nb.de abrufbar.
Dieses Buch wurde nach dem neuesten Sonnenstand geschrieben. Für ca. 2150 Jahre befindet sich die Sonne im Fischezeitalter. Was früher in März der Widder war, ist nach den wissenschaftlichen Erkenntnissen jetzt das Fischesternbild.

DER INHALT DES BUCHES

1. Entdeckung der VESTA am 29. März 1807

2. Neues Sternzeichen Fische für die Zeit 11.3 – 18.4

3. Ereignisse des Tages 29.3.

4. Prominente Geburtstagskinder 29.3.

5. Geschichten zum 29. März

6. Menü

1. Entdeckung der Vesta

29. März

Wie an dem Tag,
der Dich der Welt verliehen,
die Sonne stand zum Gruße
der Planeten,
bist also bald und fort
und fort gediehen
nach dem Gesetz,
wonach Du angetreten,
so musst Du sein,
Dir kannst Du nicht entfliehen
so sagten die Sybillen
so Propheten
und keine Zeit und Macht
zerstückelt geprägte Form,
die lebend sich entwickelt.
Goethe

Vesta

Am 29. März 1807 wurde der Kleinplanet Vesta (heller Stern) von dem deutschen Amateurastronom Heinrich Olbers entdeckt. Menschen die zusätzlich zu ihrem Horoskop mit der Vesta eng verbunden sind wie im Besonderen die am 29. März Geborenen haben eine starke Persönlichkeit verbunden mit sozialen, kulturellen, wissenschaftlichen und technischen Begabungen. Die Vesta, die ein heller gerade noch mit dem geschärften Auge wahrnehmbarer Kleinplanet ist, hat einen Durchmesser von 544 Kilometer. Die Vesta (im griechischen Hestia genannt) gehört dem Planetoidengürtel an, zu dem u.a. die Kleinplaneten Ceres, Pallas, Junos, Eros, Icarus, Adonis gehören. Die Namensgebung Vesta durch Olbers war kein Zufall. Er hat den Planet nach dem römischen Vestakult genannt. Um die Bedeutung der Vesta und den Einfluss auf den Menschen zu verstehen, muss man sich mit der römischen Geschichte des Vestakultes auseinandersetzen. Die Vesta ist die römische Herrin, die das Herdfeuer bewahrt und schützt. Ihr Rundtempel Aedes Vestae stand in Rom auf dem Forum Romanum. Darin befand sich der Herd mit dem Feuer, das die Vestalinnen hüten mussten. Eng verbunden mit dem Vestakult waren die Penaten. Im römischen wie auch im griechischen öffentlichen Leben wurden Di penates populi romani als Schutzgeister für Haus, Heim, Heimat, Herd im Vestatempel verehrt. Die Vestalinnen, römische Priesterinnen, die das Feuer im Vestatempel hüten mussten, trugen einfache schmucklose Gewänder und mussten 30 Jahre ihren Dienst tun und genossen große Ehre im Volk und Staat. Vestalinnen galten als die höchste Schiedsinstanz und genossen im Staat die allerhöchsten Privilegien. Bereits als Kind wurden die Vestalinnen für den Dienst aus vornehmen Familien ausgesucht und durften niemals heiraten und mussten ein Gelübde ablegen, dass sie ein tugendhaftes Leben führen werden. Die Vesta und ihr Einfluss auf den Menschen im Besonderen für die am 29. März Geborenen sollen mit dem sogenannten Gewissen zusammenhängen.

Eigenschaften wie Gewissenhaftigkeit, Gründlichkeit, Forschergeist, streng analytisches Denken werden entwickelt. Die Vesta im Tierkreiszeichen Fische vom 11.3. – 18.4. ist mit hohen ethischen Werten auf allen Wissenssgebieten verbunden. Unter besonders ungünstigen Aspekten im Horoskop können die negativen Einflüsse der Kehrseite zur Wirkung kommen. Von den vielen Tempeln auf dem Marktplatz Forum Romanum in Rom, der das Zentrum des politischen und kulturellen Lebens war, ist der kleine Vestatempel am bedeutesten. Nicht weit davon befand sich auch des Haus der Vestalinnen. Die Römer bauten 493 v. Chr. für die Dreiheit Ceres, Liber, Libera einen Tempel auf dem Aventin, einer der sieben Hügel von Rom, Palatin, Esquilin, Quirinal, Viminal, Kapitol, Caelius. Am 17. März feierten die Römer das Fest Liberalia, weil sie Brot, Obst, Wein als die wichtigsten Ernährungsmittel hoch schätzten.Getreide, Obst, Honig spielten auf dem römischen Markt eine große Rolle. Eine besondere beliebte Frucht waren die roten Kirschen, weshalb sogar mancher Rebell (u.a. der rote Genuino, Volksaufstand in Neapel 1647) die zu hohe Kirschen- und Obststeu-

er öffentlich bekämpfte. Damals wurde Italien als ein großer Frucht- und Obstgarten beschrieben mit reichen Kornfeldern, nützlichen Olivenbäumen und Kräutergärten, duftenden Orangen- und Zitronengärten, Guts-und Bauernhöfe auf einem so hohen Niveau, das kaum mehr übertroffen werden kann. Als die Menschen das Feuer entdeckten, wurden die Menschen seßhaft und hüteten das Feuer als ihre wertvollste Errungenschaft. Sie fingen an Getreide anzubauen, sich Haustiere zu halten und einfache Häuser zu bauen bis sie ein so hohes Niveau entwickelten. Die Kirschen wurden von dem römischen Feldherrn Lucullus (117-57 v.Chr.) aus der römisch besetzten Provinz Kappadokien nach Europa gebracht und in Italien angebaut. Lucullus war nicht nur ein Freund von guten Mahlzeiten, sondern auch ein reicher und gebildeter Kriegsherr. Er besaß u.a. auch eine wertvolle griechische Bibliothek.

Römische Vestalinnen der Antike
(Bild Museum Berlin)

Ein normaler Mensch (gegensätzlich zum Aberglaube der Götter und Könige) ist keine Sonne, denn die Sonne besteht aus 75% Wasserstoff, 23% Helium und 2% schweren Elementen. Durch die Umwandlung von Wasserstoff in Helium wird Energie erzeugt. Die vier Buchstaben C Kohlenstoff, H Wasserstoff, N Stickstoff, O Sauerstoff haben eine große Bedeutung, sie sind u.a. das Alphabet des Lebens in der chemischen Analyse. Die Sonne dreht sich in 26 Tagen um ihre eigene Achse, alle ca. 2150 Jahre wandert die Sonne in der Ekliptik in ein neues Sternzeichen und weiter wandert sie mit dem gesamten Planetensystem auf das Zentrum unserer Galaxie zu in einem Abstand von 27.600 Lichtjahren.

Zum Sonnensystem gehören neun große Planeten wie Merkur, Venus, Erde, Mars, Jupiter, Saturn, Uranus, Neptun und Pluto sowie eine Vielzahl von Kleinplaneten (Planetoiden) wie u. a. die Vesta, ein kleiner heller Stern des Planetoidengürtels. Weiterhin gehören zum Sonnensystem Kometen, Meteoriten und gasförmige Masse zwischen den einzelnen Planeten. Der sonnennächste Planet ist Merkur mit einer Umlaufzeit von **88** Tagen um die Sonne und einer Oberflächentemperatur von etwa 430° C, der sonnenentfernteste Planet ist Pluto. Die Erde ist der dritte Planet von der Sonne. Die Entstehung der Erde und unseres Sonnensystems ist ca. 4,6 Milliarden Jahre alt. Die Sonne mit dem Planetensystem befinden sich weit außerhalb des Zentrums unserer Milchstrasse, deren Durchmesser auf 100.000 Lichtjahre geschätzt wird. Aufgrund der Wanderung der Erde um die Sonne sehen wir je nach Jahreszeit unterschiedliche Sternbilder. Die Sonne hat eine Oberfächentemperatur von ca. 6000 Grad und 10 - 20 Millionen Grad C° im Inneren der Sonne, wo sie Atomkerne verschmilzt und Energie daraus gewinnt. Aufgrund dieser unvorstellbaren großen Energieerzeugung gibt uns die Sonne Licht- und Wärmestrahlen, wodurch das Leben auf der Erde erst möglich ist. Die jährliche Umlaufbahn der Erde, die man Ekliptik nennt, verläuft durch die 12 Tierkreiszeichen, da der Kreis 360° umfasst, ein Tierkreisabschnitt 30°, und drei solcher Abschnitte ergeben jeweils eine Jahreszeit von 90° wie Frühling, Sommer, Herbst und Winter. Diese Einteilung wurde die Grundlage unserer Zeitmessung. Blickt man in den klaren Nächten zum Himmel sieht man das leuchtende Band der Milchstrasse mit ihren zahllosen Sternen. Würde man in der Milchstrasse einen Planeten besiedeln wollen, müsste man einen Planeten finden mit einer Sonne (heller Stern), der von seiner Sonne nicht zu weit entfernt ist, dass er ewig gefroren ist und nicht so dicht an seiner Sonne ist, dass die Oberfläche des Planeten in Hitze schmort. In unserer Galaxie der Milchstrasse gibt es ca. 400 Milliarden Sterne und wenigstens 100 Milliarden andere Galaxien existieren im Universum. Wenn ein Satellit ca. 9 Jahre bis zum

Planeten Pluto braucht, dann benötigen Raumschiffe, die in die Milchstrasse reisen, Jahrzehnte um das Ziel ihrer Wahl zu erreichen. Die Sonne ist in unserer Galaxie nicht der hellste Stern. So ist der Stern Campus 80.000 und der Stern Rigel 17.000-mal so hell wie unsere Sonne.

Das Nordlicht (Polarlicht) ist eines der besonderen Lichtphänomene am Nordpol auf der Erde. Dieses Licht ist zufällig grün, das Licht kann aber auch andersfarbig sein.

Abendrot der Erde vor 60 Jahren, das heute nicht mehr zu sehen ist

In spätestens 6 Milliarden Jahren wird der Gasball der Sonne sich so weit vergrößert haben, dass er das ganze Planetensystem in sich aufnimmt und in Gas zurückverwandelt, so dass von den Planeten, Erde und der Sonne nichts weiter übrig bleibt als eine dunkle Gaswolke. In diesem finalen Abschnitt des Sonnenlebens wird die Sonne ein so genannter roter Riese. Doch lange schon zuvor wird die Temperatur der Erde so weit angestiegen sein, dass kein Leben mehr möglich ist. Das Wasser ist verdunstet und eine lichtundurchlässige Wolkendecke umhüllt die Erde. Die Erde verdorrt wasserlos. Die verbleibende Materie der Erde verteilt sich als Gaswolke im Weltraum. Bei der ungeheuren großen Anzahl von Sonnen in unserem Weltall ist es durchaus wahrscheinlich, dass es eine große Anzahl von Himmelskörpern gibt, auf denen erdähnliche Temperaturbedingungen herrschen. Auf ihnen könnten sich Lebensformen von Organismen ausgebildet haben, die nicht den von der Erde bekannten gleichen müssen. Angesichts der ungeheuren weiten Dimension des Weltalls ist es jedoch sehr unwahrscheinlich, dass wir jemals mit vielleicht existenten Lebewesen in Kontakt treten können. Der Mond ist im Vergleich zu den Großplaneten ein Trabant der Erde, der die Erde umläuft. Ein Umlauf dauert 27,3 Tage. Der Mond selbst hat kein eigenes Licht. Das Leuchten des Mondes beruht auf der Reflexion von Sonnenstrahlen, die ihn treffen beim Umlauf um die Erde und ihn als Halb- oder Vollmond erscheinen lassen. Bei der jährlichen Umlaufbahn der Erde von 365 Tagen, wodurch Frühling, Sommer, Herbst und Winter entstehen, dreht sich die Erde alle 24 Stunden um ihre eigene Achse, wodurch Tag und Nacht entsteht. Durch den jetzigen Sonnenstand hätten wir einen roten Himmel, auch das frühere Morgen- und Abendrot, das man früher tagtäglich sah, wurde durch die Satelliten- und Raketentechnik künstlich verändert. Die Erde hat nur einen kosmischen Mond, Jupiter hingegen hat 16 Monde, was Wissenschaftler möglicherweise auf die Idee gebracht hat, die Planeten mit künstlichen Satelliten zu versehen, denn inzwischen werden bei Jupiter 63 Monde gemeldet, die in Wirklichkeit künstliche Satelliten sind mit vielen dubiosen Programmen. Es kreisen Hunderte von künstlichen Satelliten um die Planeten und um die Erde. Allein für die Fernsehanstalten in aller Welt wurden eine Unzahl von künstlichen Satelliten in die

Planetenbahnen, Erdumlaufbahn sowie in die Galaxie befördert, denn niemand möchte auf Fernsehen, Rundfunk, Flugzeug, Auto, Handy, Funktürme usw. verzichten. Der kosmische Mond der Erde dreht sich beim Umlauf um die Erde einmal um seine eigene Achse in 27,3 Tagen, alle ca. 12 Stunden gerät der Mond in eine Position, wodurch alle 12 Stunden und 50 Minuten Ebbe und Flut der Weltmeere entsteht. Die Gezeiten, die durch den Mond entstehen, sind von großer Bedeutung, da durch Ebbe und Flut das Meer weniger Schaden erleidet, denn durch Stillstand des Meeres können viele zusätzliche Schäden entstehen. Allerdings wird die Tageslänge auch durch die Gezeiten zunehmen, Die Tage werden länger und die Nächte kürzer, denn inzwischen kann die Erde im 3. Jahrtausend beliebig erleuchtet und erwärmt werden mit Satelliten- und Raketentechnik aus der Galaxie, aber auch das Gegenteil erzeugen, die Erde kühlen und Schatten machen. Am 21.6., der Tag des Sommeranfangs findet das Sonnenwendfeuer statt, der längste Tag mit der kürzesten Nacht im Jahr. Da der Kirche die heidnischen Sonnenwendfeiern ein Dorn im Auge waren, wurde der Tag des Sonnenwendfeuers auf den Gedenktag von Johannes dem Täufer 24.6. verlegt. Der kürzeste Tag mit der längsten Nacht ist der 21.12., der Monat mit den wenigsten Sonnenstunden und Anfang des Winters mit Eis und Schnee. Oberhalb der Schneegrenze im Hochgebirge beginnt die Gletscherwelt, die nur aus Eis besteht wie auch in den Süd- und Nordpolargebieten. Im Frühling am 21. März und im Herbst am 23. September erreicht die Drehung der Erde eine Position, bei der auf allen Orten der Erde Tag und Nacht gleich lang sind. Man nennt dies Tagundnachtgleiche. Während es am Südpol eine Jahreshälfte nachts dunkel bleibt, scheint am Nordpol die Sonne Tag und Nacht und bleibt für die Jahreshälfte auch nachts hell dann erreicht die Drehung der Erde den Südpol und der Südpol wird Tag und Nacht hell. Die Mitternachtssonne scheint mindestens vier Monate am Nordpol vom 20. April bis zum 23. August. Das kristallblaue Leuchten der Gletscher bleibt sogar nachts ein faszinierendes Natuereignis. Der höchste Berg in Deutschland ist die Zugspitze.

Zugspitze 2962m

Eine Bergbahn zur Zugspitze gibt es in Garmisch-Partenkirchen, wo die 11. Olympiade der Winterspiele 1936 stattfand und 1978 die alpine Skimeisterschaft. Auch der Opernkomponist Richard Strauss lebte bis zu seinem Tod 8.9.1949 in Garmisch-Partenkirchen. Der eigentliche Wohnsitz von Hitler war jedoch der Obersalzberg bei Berchtesgaden. Das seit 1517 in Betrieb befindliche Salzbergwerk von Berchtesgaden verfügt auch über ein Salzmuseum, Bergwerkstr. 83, in dem die Salzgewinnung dargestellt wird.

2. Neues Sternzeichen Fische
11.3. – 18.4.

Etwa alle 2150 Jahre verschiebt sich der Frühlingspunkt der Sonne um ein Sternzeichen weiter. Seit vielen Jahren befindet sich der Frühlingspunkt nicht mehr im Widder, sondern im Sternzeichen Fische. Einer der genialsten Astronomen- und Mathematiker war der Grieche Hipparch von Nikaia, geboren um 194 v. Chr., gestorben um 120 v. Chr. Hipparch ist der Begründer der wissenschaftlichen Astronomie. Um 150 v. Chr. entdeckte Hipparch die Präzession bzw. das Vorücken des Frühlings- und Herbstpunktes der Sonne in ein neues Sternzeichen. Diese Bewegung der Sonne und einiger Sterne geht so langsam vor sich, dass ca. 2150 Jahre vergehen bis ein neues Sternbild zum Frühlingspunkt wird. Ohne den genauen Frühlingspunkt sind exakte astronomische Berechnungen nicht möglich. Ein weiterer großer antiker Astronom war der Vorgänger von Hipparch Aristarches von Samos um 310 v. Chr. Er vertrat als erster das heliozentrische Weltsystem und versuchte die Entfernungen von Sonne/Mond zu bestimmen, was anschließend Hipparch gelang. Hipparch berechnete als erster die genaue Mondbahn um die Erde. Der Frühlingspunkt bestimmt das astronomische Zeitalter der Sonne. Hipparch machte seine Entdeckung bei der Erstellung von Sternkarten der Fixsterne und bestimmte sehr genau ihre Positionen. Als er seine Liste der Sterne erneut durchging, stellte er fest, dass sich einige Sterne durch Präzession bewegt haben.

Erst die Erkenntnisse der Astronomie haben den religiösen und kultischen Götterstaat von Griechenland verändert und ein neugriechisches Weltbild erschaffen. Aber der Weg zu den heutigen Erkenntnissen der Astronomie war für viele Astronomen ein bitterer Weg, denn die Kirche wollte nicht und das Volk konnte nicht die wahren astronomischen Zusammenhänge verstehen. Die besten Beispiele dafür bleiben unter anderen die großen Astronomen Kopernikus, Galilei, Bruno, Jungius, die von der Inquisition in Rom angeklagt wurden. Nach 7 Jahren Verhör und Einzelhaft wurde der Mönch Giordano Bruno, geb. 1548 in Nola, der nicht abschwören wollte und an seiner Theorie festhielt, dass die Erde nicht der Mittelpunkt des Universums sei, sondern das Weltall unendlich sei bestehend aus vielen Sternen und Galaxien am 17.2.1600 deshalb auf dem Campo dei Fiori in Rom auf dem Scheiterhaufen verbrannt. Professor G. Galilei, ital. Mathematiker, Physiker und Philosoph geb. in Pisa am 15.2.1564, gest. 8.1.1642 in Arcetri, hat dagegen am 22.6.1633 vor der Inquisition den schändlichen Schwur geleistet, dass seine Erkenntnisse nicht wahr, sondern Ketzerei seien, weil er nicht auf dem Scheiterhaufen brennen wollte. Der deutsche Professor J. Jungius Mathematiker, Naturforscher, Mediziner, geb. 22.10.1587, gest. 23.9.1657 lehrte bereits ab 1609 Mathematik und Atomistik an der Universität Gießen, weshalb 1625 gegen Jungius ein Todesurteil in Paris durch die Inquisition erfolgte. Von technischer Seite kann man heute überall in unserer Galaxie Funkkontakt aufnehmen. Würde es Leben in unserer Galaxie geben bis zu einer Entfernung von 100.000 Lichtjahren, würde es 200.000 Jahre dauern, bis wir eine Antwort auf unsere Fragen erhalten würden, wenn sie uns verstehen könnten. Mit großer Wahrscheinlichkeit werden wir niemals eine Antwort erhalten. Selbst wenn in unserer Galaxie kein Leben weiter existiert als das auf der Erde, so gibt es mit Sicherheit Leben irgendwo in den 100 Milliarden Galaxien des Universums, die wir niemals erreichen werden. Das Urelement Wasser, wozu der Fisch gehört, ist ein wichtiges Element für alle Lebensformen. Die ersten Lebewesen entstanden im Wasser, woraus sich alle Lebensformen weiterentwickelt haben. Sonne und Wasser sind die Voraussetzungen für jedes Leben und Wachstum auf der Erde. Die Weltmeere betragen 71% der Erdoberfläche und 94 - 97% des Wassers auf der Erde befinden sich in den Weltmeeren. Der Rest 3% Wasser bilden Grundwasser, Gletschereis, Schnee, Flüsse und Luftfeuchtigkeit. Der aus dem Meer aufsteigende Wasserdampf bildet Wolken, die wieder über dem Meer oder auf dem Festland als Regen niedergehen. Das Meerwasser ist zu den beiden Polen Nordpol und Südpol der Erde kälter und zum Äquator hin am wärmsten. Aus dem Meerwasser wird durch Sonne und Wind Salz gewonnen. Meersalz ist besonders gesund für die Ernährung, auch viele Metalle wie Gold, Eisenerz, Platin, Kupfer, Nickel, Titan, Kobalt befinden sich am Meeresboden. Auch die Schmucksteine wie Bernstein, Koralle, Perlen und andere kommen aus dem Meer. Die Legende, wie das Sternbild Fisch in den Sternenhimmel gelangte, hängt mit Aphrodite der griechischen Königin (röm. Venus) der Schönheit zusammen. Aphrodite war die Gemahlin von Hephaistos, dem griechischen Baumeister, der die goldenen Paläste der griechischen Könige gebaut hat. Bei einem Streit um die Schönheit erhielt Aphrodite als die Schönste den Apfel von Paris, dem Sohn des Königs Priamos von Troja. Als Dank dafür verhalf Aphrodite Paris zur Entführung der schönen Helena nach Troja, der Frau des Königs von Menelaos von Sparta wodurch der trojanische Krieg verursacht wurde. Alle Sterne und Sonnen unserer Galaxie bestehen aus kosmischen Atommolekülen und versorgen sich durch Wanderung durch die Galaxie, die ebenfalls aus Atommolekülen besteht, mit ständig neuen Atommolekülen, wodurch Licht entsteht, aber dadurch auch die Galaxie eines Tages aufgebraucht ist und sterben wird. Die heutige Ausdehnung der Sonne bzw. des neuen Sonnenstandes bedeutet in absehbarer Zeit den Tod der Erde, weshalb die Wissenschaftler immer wieder neue Ideen entwickelt haben. Sie wollten die Sonne bereits töten, was nicht machbar ist, da es auch den sofortigen Tod der Erde und Lebewesen bedeutet, dann wollten sie die Sonne mit Satelliten- und Raketentechnik manipulieren, damit die Sonne wieder kleiner wird, was ebenfalls den Tod der Erde bedeuten kann, jetzt kann man zwar Licht und Wärme von fernen Raketensystemen aus unserer Galaxie für die Erde erhalten, aber auch technische Vorrichtungen halten nicht ewig. Der Fischmensch ist gewöhnlich kein Ellbogenmensch. Seine Erfolge erzielt er nicht durch den nüchternen lntellekt und den auf das Ziel losstürmenden Widder, sondern das neue Frühlingszeichen im Fisch drängt auf Veränderung, auf bessere Umweltbedingungen und Fische werden gerne die neuen Vertreter von naturwissenschaftlichen und demokratischen Gesetzen sein. Primär jedoch wird der Mensch von seiner genetischen Abstammung beherrscht. Der Fisch ist ein Tierkreiszeichen, das mit Wasser und Meer zusammenhängt, aber auch mit Feuer. Feuer und Wasser sind die Elemente, die die neuen Fischmenschen in der Zeit vom 11.3.-18.4. begleiten. Der nördlichste europäische Punkt des Nordpols, der auch bewohnt ist, ist u.a. die Insel Spitzbergen. Der deutsche Marineoffizier und Polarforscher Carl Weyprecht, geb. am 8.9.1838, gestorben am 29.3.1881 entdeckte das nördlichste europäische Franz-Josef-Land, Semlja und andere Polarinseln, die heute alle zu Russland gehören. Der südlichste Punkt der Erde ist der Südpol, wo Scott und Amundsen ihre Fahne hinsetzten, die als erste Menschen den Südpol erobert haben. Scott wurde am 6.6.1868 in England geboren und starb am 29.3.1912 am Südpol. Amundsen hingegen kehrte nach Norwegen zurück. Amundsen, geb. am 16.7.1872 überflog 1928 Spitzbergen wegen einer Rettungsaktion für die Expedition Nobile und kehrte nicht mehr zurück und blieb seitdem verschollen. Der griechische Seefahrer Pytheas nannte das sagenhafte am äußersten Nordrand gelegene Land „Ultima Thule", das er ca. 330 v. Chr. bei seiner Seereise von Griechenland nach Grönland entdeckte. Eine faszinierende Gletscher- und Bergwelt, mit schroffen Felsen und malerischen Siedlungen. Pytheas von Massilia schrieb ein Werk über den Ozean, das verloren gegangen ist, aber antike Autoren haben einige Erwähnungen niedergeschrieben, er berichtete über die Gezeiten Ebbe und Flut, über kurze Sommernächte, eine Bernsteininsel und das Wattenmeer. Nach Pytheas entdeckte der Wikinger Erich der Rote im Jahre 982 vor Chr. Grönland und gab dem Land Ultima Thule den Namen Grönland. Er war der Vater von Leif Erikson, der 1000 v. Chr. Nordamerika umsegelte. Am Fuß des 1170m hohen Herzberges liegt der nördliche kleine Ort Uummannaq mit seinen bunten Häusern, einer der schönsten Orte Grönlands. Die Menschen dort leben hauptsächlich von der Jagd und vom Fischfang. Die Durchschnittstemperatur im Juli beträgt für kurze Zeit bis zu 10° C. Die artenreiche Tierwelt ist u.a. geprägt durch Seevögel, Robben, Walrosse, Wale, Eisbären, Polarfüchsen sowie der Fischwelt im Meer, mit der das Tierkreiszeichen Fisch verbunden bleibt. Bedauerlicherweise muß man bemerken, dass pro Tag im Meer 100 Arten von Tieren und Pflanzen sterben, so dass das Meer bald tot ist, wenn nicht entsprechende Maßnahmen durchgeführt werden, die das Leben im Meer retten können. Alles im Weltraum ist Leben, Sterben und Neubeginn und wir wissen heute, dass unser gesamter Weltraum mit allem, was sich darin befindet einschließlich der Erde mit dem Meer, Pflanzen, Bäumen, Tieren, Menschen aus kosmischen Atommolekülen bestehen, wohingehen u.a. Atombomben und Atomkraftwerke aus künstlich gespaltenen Atomen bestehen, die unsere Erde zerstören können. Schon der große antike Atomistikforscher Demokrit 460-371 v. Chr. lehrte an der Schule von Abdera in Griechenland das Fach Atomistik, dass alles aus Atommolekülen besteht. Heute kennen wir unser Sonnen- und Planetensystem genau und wissen, dass es sich bei den leuchtenden Sternen und der Sonne nicht um Götter handelt, sondern um Atome und Galaxien mit unendlich vielen Sternen in einem riesigen Universum. Leider ist unsere Erde und das Meer durch die Atombombenversuche schwer geschädigt und die Raketen- und Satellitentechnik in unserer gesamten Galaxie und die vielen Satelliten in unserer Erdumlaufbahn, jeder Satellit umkreist die Erde 14 mal pro Tag und Nacht, sind ein künstlicher Eingriff in die näturlichen kosmischen Gesetze, die sich im Vergleich zu den antiken Lehren für immer verändert haben durch die künstliche Raketen- und Satellitentechnik. Eines haben alle Menschen, Tiere, Pflanzen, Bäume gemeinsam, sie stammen aus dem

Meer. Unser Vorfahre im Meer war der Fischsaurier. Vor ca. 500 Millionen Jahren begann das erste Leben in bescheidener Form. Der jetzige höher entwickelte Mensch ist erst ca.10000 Jahre alt und hat das Meer in kurzer Zeit fast zerstört. Eine Reise an das Meer ist eine gute Erholung. Vielleicht ist dies eine Anregung für eine Radtour an der Ostseeküste. Der Ostküstenfahrradweg der über 1700 Kilometer langen Ostseeküste ist einer der längsten und schönsten Radtourenwege Europas bzw der Welt. Der Fahrradweg führt fast immer ganz nahe am Meer entlang. Zu jeder Jahreszeit findet man auf der gesamten Strecke an der Küstenlandschaft bis zu etwa 2000 Sehenswürdigkeiten bestehend aus Schlössern, Herrenhäusern, Museen, Kirchen, Klostern, Naturschutzgebieten mit verschiedenen Vogelkolonien und seltenen Pflanzen und anderen historischen und prähistorischen Highlights. Die Radtouren führen durch eine Küstenlandschaft mit herrlichen Stränden, Steilküsten, abwechslungsreichen Landschaften und Orten bis zur nördlichsten Spitze Deutschlands Cap Arkona. Berühmte Namen sind mit der Ostküstenlandschaft Mecklemburg-Vorpommern verbunden. Vom Geburtsort Neubukow des Troja Entdeckers Schliemann sind es nur wenige Kilometer bis zum Salzhaff. Schliemann lebte nach seinen Memoiren auch einige Zeit in Neustrelitz, wo seine Schulfreundin Minna Meincke ihn zur Entdeckung von Troja überredete, aber eine Ehe ablehnte, da sie bereits vergeben war als er sie besuchte. Schliemann heiratete später eine Griechin während seiner Ausgrabungen in Troja. Heerscharen von Vögeln befinden sich auf der Halbinsel Wustrow zusammen mit Seglern und Surfern. Während der gesamten Strecke des Ostküstenfahrradwegs ist das Meer so nah, das es zu erfrischenden Badepausen einlädt. Vorbei an dem Geburtsort Anklam von Otto von Lilienthal gelangen wir nach Peenemünde, wo Wernher von Braun die Atombombe entwickelte. In Peenemünde entwickelten die Nationalsozialisten im Auftrag von Hitler im damals größten Hightechzentrum von Europa die erste automatisch gesteuerte Flüssigkeitsgroßrakete, die als Vorläufer aller Raumfahrtraketen gilt. Im Potsdamer Abkommen von 1945 wurde festgelegt, dass alle Anlagen von Hitler u.a. auch Peenemünde dem

Erdboden gleichgemacht werden. Heute befindet sich dort ein historisch-technisches Museum. Die Hansestadt Stralsund verbindet mit der 2480m langen Rügenbrücke Deutschlands größte Insel und die nördlichste Spitze Deutschlands Cap Arkona.

Der rote Backstein, der von Hand gefertigt und verbaut wurde, prägt das Bild der Bauwerke und der Städte entlang der Ostseeküste. Während einer Badepause oder einem guten Essen und einem kühlen Bier oder anderen Getränken findet man die wohl verdiente Ruhepause. Ob man an die Ostseeküste oder in den Süden nach Portugal reist, ist jedem selbst überlassen, aber eines haben die Küsten gemeinsam, herrliche Sandstrände, Steilküsten, seltene Tiere und Pflanzen und teilweise bewaldete Flächen bis ans Meer. Die Insel Rügen ist eine Insel der Kontraste. Südlich von Neu-Mukran liegen die Feuerfelder, ein versteinertes Meer mitten im Wald. Die Feuersteine wurden früher von vielen Menschen im Haushalt benutzt, um Feuer zu machen. Am 13 Kilometer langen Traumstrand Schmale Heide erstreckt sich eine gigantische Ferienanlage aus der Hitlerzeit. Heute befinden sich dort Museen und Ausstellungen. Auch Bernsteinschmuck wird in vielen Variationen an der Ostseeküste angeboten und wer Glück hat findet auch ein Rohbernstein am Strand nach starker Meeresbrandung, aber erst der geschliffene Bernstein sieht leutend gelb aus.

3. Ereignisse 29. März

Marquis de Condorset 1794
Archäologe Heinrich Schliemann 1869
Prof. Albert Einstein 1953
Kasachstan 1996
Damenmode Berlin 1925
Wahlen in Deutschland und Reichsparteitage in Nürnberg 1925
Eugen Onegin 1879
Biedermann und die Brandstifter 1958
Der Vampir 1828
Nordpolarforscher Weyprecht 1871
Kapitän Scott am Südpol 1912
Mamonobo (Heiligenbeil früher) 1945
Prometheus 1943
Lissabon 1998
Dr. Goebbels 1933
Film Gold 1934
Horoskop 1943
Gründung der Frauenliga 1894
Gründung der Frauenliga 1943

Marquis de Condorset 29.3.1794

Zur Prachtstraße Berlin Unter den Linden während der NS Herrschaft zum jährlichen Geburtstag 20.4. des Diktators Hitler gehörte auch das sich dort befindliche Denkmal von Friedrich dem Großen, das auch Hauptbestandteil des berüchtigten Bernsteinzimmers ist. Friedrich der Große, geb. 24.1.1712 in Berlin, gest. 17.8.1786 in Potsdam, hatte den Wahlspruch jeder soll nach seiner Facon selig werden und führte die Religionsfreiheit ein, modernisierte das Rechtssystem, schaffte die Folter ab, räumte jedem Bürger das Recht ein, sich mit Anliegen direkt an ihn wenden zu dürfen, reformierte das Militär und Bildungswesen und baute Hunderte von Schulen in Deutschland. Einen großen Einfluß hatte dabei der französische Philosoph, Jurist, Schriftsteller und Freidenker Voltaire, der sich von 1750-1753 in Potsdam bei Friedrich dem Großen aufhielt, er hatte bereits mehrere Gefängnisaufenthalte hinter sich wegen seiner kritischen, politischen, kirchlichen, gesellschaftlichen Romane. Voltaire einer der größten Freidenker verdammte Aberglauben und Fanatismus der Katholichen Kirche und setzte sich für Opfer der absolutistischen Justiz ein. Er war in Paris am 21.11.1694 geboren und starb am 30.5.1778. Ein weiterer großer Freidenker war der Franzose Marquis de Condorset, geb. 17.9.1743, Mathematiker, Philosoph und Politiker. Condorset kam zwar aus dem höheren Adel, war aber ein Freidenker im Sinne von Freiheit und Gleichheitsrechten auch für Frauen und gegen die Autonomie von Kirche und Staat. 1789 schloß sich Marquis Condorset der französischen Revolution an als Vertreter einer demokratischen Staatstheorie. Besonders wollte er den Klassenunterschied im Bildungswesen beseitigen und auch eine umfangreiche Fortbildung für Erwachsene einführen. 1793 wurde Condorset als Girondist angeklagt und am 28.3.1794 verhaftet und starb durch Folter am 29.3.1794. Er soll die Grundlage für die erste deutsche Frauenligagründung gewesen sein am 29.3.1894 im Reichstagsgebäude in Berlin durch die letzte deutsche Königin Auguste Victoria.

29. 3. 1869 Schliemann
Heinrich Schliemann wurde am 29.3.1869 offiziell amerikanischer Staatsbürger und verliert die deutsche und russische Staatsangehörigkeit. Nach seiner Scheidung von seiner russischen Ehefrau Katharina heiratet Heinrich Schliemann die Griechin Sophie Engastromenos und kauft für die Familie ein großes herrschaftliches Haus in Athen, das zum Zentrum der damaligen Athener Gesellschaft wurde. Heinrich Schliemann starb gemäß seiner Gesinnung und seiner archäologischen Tätigkeit als Grieche, der seine letzte Ruhestätte in Griechenland fand, die er sich schon zu Lebzeiten ausgesucht hatte, ein Mausoleum in der ehrfürchtigen Vergangenheit von Griechenland nahe der Akropolis von Athen.

Einstein 29. 3. 1953
Auf der Suche nach der Weltformel veröffentlicht Albert Einstein am 29. März 1953 mehrere Formeln für mathematische und physikalische Berechnungen im Universum. Einstein wurde am 14.3.1879 in Ulm geboren und starb am 19.4.1955 in Princeton in USA. Einstein war von 1914-1933 Leiter des Kaiser Wilhelm Institutes in Berlin für Physik. 1921 erhält Einstein den Nobelpreis für Physik und emigrierte 1933 wegen der Nationalsozialisten und seiner jüdischen Abstammung in die USA und wurde Mitarbeiter bei der NASA in Amerika.

Kasachstan 29.3.1996
Kasachstan am Kaspischen Meer mit der Hauptstadt Astana ist ein trauriges Beispiel für Zerstörungen durch Atomtests. Im August 1991 wurde das schwer zerstörte Atomtestgelände Semipalatinsk geschlossen, aber die Schäden bleiben noch lange Zeit. Am 29.3.1996 wurde eine Vereinbarung getroffen, um Kontroversen mit Nachbarländern zu entschärfen.

Berlin 29. März 1925
Die Herrenmode für Damen wird eingeführt. Die „Berliner Illustrierte" berichtet über mutige Frauen, die Hosenanzüge tragen und an Feminität nichts eingebüßt haben.

Nürnberg 29.3. 1925 Wahlen in Deutschland mit den Reichsparteitagen in Nürnberg

Ein niederschmetterndes Ergebnis der Wahlen in Deutschland erhielt die NSDAP mit ihrem Führer Adof Hitler am 29.3.1925 und 1926 war die NSDAP am Ende ihrer politischen Wunschvorstellung. Schuld am Neubeginn der NSDAP und Hitler waren die Frauen, u.a. Else Bruckmann, geb. Prinzessin Cantaccene, verheiratet mit dem reichen Verleger Hugo Bruckmann, Helene Bechstein, verheiratet mit dem Klavierfabrikanten Bechstein, die Hitler sogar zu seinem Haus Wachenfeld auf dem Obersalzberg verhalf und ihm den schönsten und teuersten Mercedes schenkte, Victoria von Dirksen, verheiratet mit dem Botschafter von London, Frau Schiller, verheiratete Gräfin von Stauffenberg, Lily von Abegg und weitere großzügige Spenderinnen von Geld und Wertgegenständen, die mitgeholfen haben, dass die NS-Macho Politik der NSDAP und ihrer Parteispitze einen Neubeginn starten konnten mit ihrem frauenfeindlichen Programmen, dass Männer politisch und beruflich alles sind und Frauen nichts sind außer für Heim, Haus, Herd zuständig seien.

Wegen der materiellen Unterstützung reicher Gönnerinnen, die als Zahlende willkommen waren, aber nicht als Frauenrechtlerinnen, kam 1933 die NSDAP und Hitler an die Macht und Deutschland wurde eine Diktatur unter dem Diktator Hitler und ein anderes menschenfeindliches und frauenfeindliches Bild entstand. Am 23.4.1933 wurde die Quotenregelung an den Universitäten eingeführt für Frauen und Juden, sie durften nicht mehr studieren bis auf wenige Ausnahmen. Der zweite Weltkrieg brach 1939 aus und brachte viel Leid über die Menschheit. Selbst die in Berlin von Hitler am 29.3.1943 gegründete Frauenliga im Reichstaggebäude brachte keinen Erfolg mehr. Das Kriegsende und die deutsche Kapitulation vom 8.5.1945 war der Beginn der Suche nach den Schuldigen. Die Nürnberger Prozesse von 1945-1949 wurden vom amerikanischen Militärgericht in Nürnberg durchgeführt. Die ersten 12 Todesurteile wurden am 16.10.1946 vollstreckt und weitere folgten. Durch die vielen Gerichtsverfahren in Nürnberg erlitt Nürnberg eine Prägung, die nicht so leicht vergessen werden kann. Dass die NSDAP die Stadt Nürnberg zu ihrer Reichsparteistadt am 15.9.1935 ernannte, hängt mit der römischen Vergangenheit zusammen. Unter Kaiser Karl IV wurden 1356 alle römischen Könige dazu verpflichtet, ihren ersten Reichstag in Nürnberg abzuhalten. Hoch über Nürnberg erhebt sich die Nürnberger Kaiserburg, die 1050 als Reichsburg auf Sandsteinfelsen erbaut wurde, 32 Kaiser und Könige haben in der Burg residiert, die nach dem zweiten Weltkrieg wegen schwerer Bombardierungen wieder neu errichtet wurde. Das Nürnberger Rathaus gegenüber St. Sebald hat eine bedeutende Vergangenheit. Im Rathaussaal fand am 25.9.1649 das Friedensmahl zur Beendung des 30-jährigen Krieges statt. Weiterhin wurde im Nürnberger Rathaus die erste Taschenuhr der Welt um 1510 ausgestellt. Die erste Taschenuhr der Welt wurde von dem Schlosser Peter Henlein, geb. 1480 in Nürnberg, erfunden und hergestellt. Seine Ehefrau und die Bürger von Nürnberg bezeichneten den Schlosser Henlein als einen Verrückten, der in seinem Schrank ein kleines tickendes Objekt verbarg. Eines Tages entdeckte die Ehefrau den offenen Schrank und erschrak fürchterlich als sie das kleine tickende Uhrwerk sah, von dem sie vermutete, dass Henlein mit dem Teufel im Bunde stehe. Doch die kleine erste Taschenuhr kam in das Rathaus, wo der Bürgermeister eine lange Rede hielt über eine Uhr, die man stets bei sich tragen könne und in einem 14-stündigen Gang die jeweilige Uhrzeit anzeige. Die ersten und ältesten Uhren waren die Wasseruhren, Sanduhren, Sonnenuhren, die jedoch keine Ähnlichkeit mit einer kleinen Taschenuhr haben, die zwar alle 14 Stunden wieder aufgezogen werden muß, aber eine der nützlichsten Erfindung ist. Das Handwerk in Nürnberg entwickelte sich zu bedeutenden Werken. Davon zeugt auch der Handwerkershof am Königstor von Nürnberg mit seinen mittelalterlichen Handwerkspassagen, kleinen Geschäften und Gaststätten. Die Stadt Nürnberg an der Pegnitz hat eine gut erhaltene Stadtmauer, Stadttore und Türme. Es gibt viele Bauwerke, Denkmäler, Brunnen, Museen, Geschichten von Nürnberg, hier sei nur erwähnt, dass das Germanische Nationalmuseum in Nürnberg das größte deutsche Museum ist für Kunst und Kultur mit einer Fläche von 50000 Quadratmetern.

Eugen Onegin 29.3.1879

Tschaikowski`s Haus in Klin bei Moskau

Eugen Onegin
Zur Uraufführung gelangte am 29. März 1879 in Moskau das Meisterwerk Eugen Onegin von Peter Tschaikowsky nach den Texten von Alexander Puschkin. Die Oper spielt in der ersten Hälfte des 19. Jahrhunderts auf dem Landgut der Larina und teils in St. Petersburg.

Der neue Gutsbesitzer:
Der am 29. März 1879 uraufgeführten Oper „Eugen Onegin" von Peter Tschaikowsky liegt Puschkins berühmter gleichnamiger Versroman zugrunde.

>Der Landsitz, wo Onegin gähnte,
>war recht ein Plätzchen zum Gedeihn;
>dort durfte, wer nach Glück sich sehnte,
>dem Himmel wahrhaft dankbar sein.
>An eines Bächlein klarem Spiegel
>stand unterm Windschutz sanfter Hügel
>allein für sich ein Herrenhaus,
>sein Giebel schaute frei hinaus
>auf Saatengold und grüne Matten;
>rings lagen Dörfchen still verstreut,
>Viehherden grasten weit und breit,
>und flüsternd wölbte seine Schatten
>des Parks verträumter Wipfelwald,
>ernster Dryaden Aufenthalt.
>
>Das Schloss, von ernst behäb'gen Zügen,
>wie sich's für Schlösser so gebührt,
>war würdevoll und streng gediegen
>nach alter Baukunst ausgeführt:
>Hochhelle Räume, breite Gänge,
>im Saal schwerseidne Wandbehänge,
>des Zaren Bild in Hermelin

und bunte Fliesen am Kamin.
Heut gilt das alles für veraltet,
weiß Gott warum; wie dem auch sei,
für meinen Freund blieb's einerlei,
welch ein Geschmack darin gewaltet,
denn gähnend fand er's ganz egal,
ob alter, ob moderner Saal.

Er fand im selben Raum Behagen,
wo vierzig Jahr' lang frommbeseelt
der Dorfgreis Fliegen totgeschlagen
und mit der Magd herumkrakeelt.

Ein schlichtes Zimmer: eichne Diele,
zwei Schränke, Sofa, Tisch und Stühle,
kein kleinster Tintenfleck zu sehn.
Die Schränke prüfend, fand Eugen
hier Wirtschaftsbücher, dort die Spender
des Seelentrostes: Schnaps, Likör

und Apfelwein, ein ganzes Heer,
von Anno acht den Volkskalender.
Sonst hatte bei der Pflichten Last
der Greis kein Buch mehr angefasst.

Allein inmitten seiner Güter,
auch weil er sonst noch nichts getan,
verfiel Eugen als Ortsgebieter
auf einen neuen Wirtschaftsplan:

Als freier Geist in engen Zeiten
erließ er seinen armen Leuten
die altererbte harte Fron;

Sie dankten ihm mit Gotteslohn.
Darob erboste sich im Winkel
der geiz'ge Nachbar, weil für ihn
solch Beispiel höchst gefährlich schien;
gespottet ward sogar aus Dünkel,
und endlich kam man überein:
Das muss ein schlimmer Vogel sein!
Aus „Eugen Onegin"

Biedermann und die Brandstifter 29.3.1958

Der Einakter von Max Frisch hatte am 29.März 1958 in Zürich Premiere. Der Haarwasserfabrikant Biedermann erfährt aus der Zeitung, dass in seiner Stadt abermals große Brände in den Häusern ausgebrochen sind, wo sich kurz zuvor sogenannte Hausierer eingenistet hatten. Sein Zorn auf diese Brandstifter ist maßlos, er wünscht, dass man alle aufhängen möge. Das Dienstmädchen Anna meldet ihm, dass in seinem Vorzimmer noch immer ein Hausierer wartet, der kein Haarwasser, sondern „Menschlichkeit" wolle. Biedermann lässt ihn brüsk abweisen. Doch der Gast steht schon in der Tür. Sein Kostüm erinnert halb an Strafanstalt und halb an Zirkus. Er stellt sich als arbeitsloser Schwergewichtsringer Josef Schmitz vor, der obdachlos und von Biedermanns Menschenfreundlichkeit tief überzeugt ist. Der Ringer klagt, dass die Menschen kein Gewissen mehr hätten. Sein früherer Zirkusdirektor zum Beispiel sei, als er Schmitz einmal beleidigt habe, bald darauf mit seinem ganzen Zirkus verbrannt. Aber Herr Biedermann habe noch ein Gewissen und auch Zivilcourage, denn er behandle einen braven, hungrigen, sanftmütigen Ringer nicht gleich wie einen Brandstifter. Biedemann deutet seinem Gast unmissverständlich an, dass er kein Bett frei habe. Schmitz ist jedoch mit dem Dachboden zufrieden. Obgleich er den Gast los sein möchte, ist der Unternehmer doch froh, wenigstens von diesem seine Menschlichkeit und sein soziales

Denken bestätigt zu hören. Biedermann bietet dem Gast eine Zigarre und ein Stück Brot an. Schmitz bestellt bei Anna ein Mahl mit Wein und kaltem Fleisch. Während der Ringer behaglich speist, plaudert er mit seinem Gastgeber über die erschreckend zunehmende Zahl der Brandstiftungen. Dann lässt er sich von Biedermann auf den Dachboden führen. Die Feuerwehrmänner wachen in der nächtlichen Stadt, doch zum Glück bleibt ein Alarm noch aus. Am nächsten Morgen versucht Frau Biedermann vergeblich, den frühstückenden Herrn Schmitz aus dem Haus zu komplimentieren. Statt den ungebetenen Gast loszuwerden, stellt sich ein neuer ein, Schmitz' Freund Eisenring, Kellner im Metropol bis es niederbrannte. In der Nacht rollen Schmitz und Eisenring Benzinfässer auf Biedermanns Dachboden. Der Hausherr ist zuerst sprachlos, dann verbietet er die Lagerung von Benzin auf seinem Dachboden, schließlich bezeichnet er vor einem Polizisten, den er wegen eines unlauteren Geschäftsmanövers fürchtet, die Fässer als sein Eigentum, die Haarwasser enthalten. Bürger stellen Biedermann wegen des Brennstoffs in seinem Haus zur Rede. Biedermann bittet sich aber entschieden etwas mehr Vertrauen in die Menschen aus. Biedermann will untersuchen, was auf seinem Dachboden geschieht. Er findet Eisenring bei der Montage einer Zündanlage vor. Das berührt den Hausherrn doch etwas eigenartig. Er löscht seine Zigarre und geht Eisenring zur Hand. Inzwischen wartet in seiner Wohnung die Witwe Knechtling auf ihn. Knechtling ist von Biedermann entlassen worden, weil er an seiner Erfindung beteiligt sein wollte, die in Biedermanns Unternehmen ausgenutzt wird. Nach seiner Entlassung hat Knechtling Selbstmord verübt. Biedermann ist nicht gewillt, die Familie seines früheren Angestellten zu unterstützen. Dann beginnt sich der Himmel zu röten, und Sirenen ertönen. Der erschrockene Biedermann kann aber feststellen, dass es wenigstens nicht bei ihm brennt. Als sich die Gäste verabschieden müssen, bitten sie den Hausherrn um Streichhölzer. Biedermann gibt sie ihnen. Selbst nachdem der dritte Brandstifter, ein Dr. phil. erklärt, dass er sich aus ethischen Gründen von den bevorstehenden Brandstiftungen distanziere, will Biedermann nicht begreifen, dass er es mit Brandstiftern zu tun hat. Aus Furcht vor den Verbrechern lässt er das Verbrechen zu, das seine Heimatstadt vernichtet.Nachspiel: Biedermann und seine Frau befinden sich in der Hölle, was sie als ehrbare Bürger nicht verstehen können. Hier treffen sie ihre früheren Gäste wieder, den Dr. phil. in Gestalt einer Meerkatze als Sekretär der Hölle, Schmitz als feuerschürenden Beelzebub und Eisenring als Höllenfürst selbst. Biedermann beschwert sich heftig, dass er nicht in den Himmel gekommen sei. Er verlangt Wiedergutmachung, denn er sei ein Opfer. Nur der Gedanke an die Streichhölzer beunruhigt ihn insgeheim. Aber er spricht sich und seiner Frau Mut zu: „Ich verbitte mir dieses Getue wegen einer Katastrophe. Katastrophen hat's immer gegeben!" Und außerdem sei der Brand, städtebaulich gesehen, ein Segen gewesen, denn heute blitze die Stadt in Chrom und Glas. Das Ehepaar Biedermann hat Glück. Der Höllenfürst ist erzürnt von einer Konferenz im Himmel zurückgekehrt, weil der Himmel eine Reihe hochgestellter Persönlichkeiten begnadigt hat, auf die der Teufel mit Recht wartete. Deshalb tritt die Hölle in den Streik. Die Feuerwehrmänner müssen das höllische Feuer löschen. Höllenfürst und Beelzebub fahren als Eisenring und Schmitz wieder zur Erde, um von vorn zu beginnen. Sie haben zwar keine Streichhölzer, aber man wird sie ihnen geben. Eisenring Höllenfürst: Ich brenne darauf, meine alte Kundschaft wieder zu sehen, die feinen Leute, die niemals in die Hölle kommen.

Der Vampir 29.3.1828
Die Oper der Vampir von Heinrich Marschner wurde am 29. März 1828 uraufgeführt. Schauplatz ist Schottland im 17. Jahrhundert. Lord Ruthwen ist, weil er sich ausgestoßen wähnte aus der menschlichen Gesellschaft, ein Vampir geworden, der sich vom Herzblut der Opfer nährt. Um abermals drei Jahre Frist auf Erden zu gewinnen, macht er sich anheischig, bis zur nächsten Mitternacht drei

Bräute der Hölle als Beute darzubringen. Zuerst betört und überwältigt er Janthe, wird jedoch nach Entdeckung des Verbrechens von deren Vater Berkley tödlich verwundet. Nur die Strahlen des Mondes können dem Vampir noch Rettung bringen. Deswegen bittet er den des Wegs kommenden Aubry, ihn auf eine mondbeschienene Anhöhe zu schleppen. Von den magischen Strahlen fühlt sich Ruthwen neubelebt, nimmt aber Aubry den Schwur ab, gegen jedermann über das Gesehene zu schweigen. Als Aubry hierauf in die Arme seiner Geliebten Malwina eilt, muss er erfahren, dass ihr Vater, Sir Humphrey, sie als Frau des reichen Earls von Marsden sehen möchte. Bei der Brautwerbung erkennt Aubry in dem Earl von Marsden den Vampir Ruthwen, wird aber von diesem drohend an das Schweigegebot gemahnt. Unterdessen gelingt es dem Vampir, bei einem ländlichen Fest Emmy in seinen Bann zu zwingen und ihr Herzblut zu trinken. Dann eilt er zur Vermählung auf Humphreys Burg zurück. Aubry weiß die Hochzeit so lange hinauszuzögern, bis die von der Hölle gesetzte Frist abgelaufen ist. Ruthwen, als Vampir entlarvt, wird von einem Blitzstrahl niedergeschmettert. Die Überlebenden preisen die göttliche Vorsehung.

Nordpolarexpedition 29.3.1881
Der Marineoffizier und Nordpolarforscher Carl Weyprecht, geb. am 8.9.1838 in Bad König stirbt am 29.3.1881 in Michelstadt. 1871 führte er eine Expedition nach Spitzbergen und Nowaja Semlja durch und leitete die Nordpolar Expedition von 1872 bis 1874 zusammen mit J. Payer, die 1873 zur Entdeckung des Franz-Josef-Landes führte, eine Gruppe von 191 unbewohnten Inseln im Nordpolarmeer, östlich von Spitzbergen, die zu Rußland gehören, wie z. B. die Alexandra-, Wilczekland- und Graham-Bell-Inseln. Fast alle Inseln (bis 620 m ü. M.) sind eisbedeckt. Es befinden sich dort nur ein geophysikalisches Observatorium und Polarstationen. Weyprecht hatte den Plan eine internationale Erforschung der physikalischen Erscheinungen der Süd- und Nord-

polargebiete von mehreren Stationen aus durchzuführen. Nach dem Tod von Weyprecht am 29. März 1881 wurde im Rahmen des nachfolgen Polarjahres der Plan von Weyprecht verwirklicht.

Kapitän Scott am Südpol 29.3.1912
Am 29.3.1912 stirbt Kapitän Scott am Südpol. Die Geschichte von dem englischen Kapitän Robert Falcon Scott und seiner Begleiter ist eine der traurigsten und doch heroischsten der Menschheit. Der Südpol und Nordpol ist das Rückgrat der Erde, das unter Barren von Eis und Schnee begraben liegt und das letzte Geheimnis für sich behielt. Dieses Geheimnis wollte Kapitän Scott der englischen Marine für England entdecken. Am 1. Juni 1910 verlassen sie England und landen für ihre Expedition in Neuseeland am Rande des ewigen Eises. Die Sonnenmonate sind dort nur Dezember und Januar und sie scheint dort nur wenige Stunden am Tage. Kapitän Scott und seine Mannschaft rüsten sich für den Marsch zum Südpol. Viele Universitätskurse werden im arktischen Frost noch durchgeführt. Sie lernen Skilaufen, testen die Schlitten der Hunde, erproben ihre Zelte, unternehmen abhärtende Kurzreisen in grimmiger Kälte von Packeis und Frost. Am 1. November 1911 brechen sie auf in kleinen Trupps, erst dreißig, dann zwanzig, dann zehn und zum Schluss nur noch fünf Menschen Kapitän Scott und seine vier Begleiter, um das Geheimnis des Südpols trotz härtestem arktischen Frost zu entdecken. Monatelang ziehen sie durch die weiße Wüste einer leblosen grausamen kalten Urwelt, die kein Erbarmen kennt. Am 18. Januar 1912 erreichen sie den Südpol und müssen unter Tränen erkennen, dass einer ihnen zuvorgekommen ist, der Norweger Amundsen. Neben der Flagge von Amundsens Siegeszeichen als erster den Südpol erreicht zu haben, setzen sie ihre englische Flagge traurig ins Eis. Dann verlassen sie den Ort und treten ihren Rückzug an, der mit so vielen Gefahren verbunden ist, dass sie dem arktischen Frost unterliegen. Am 17. Februar 1912 stirbt der erste Offizier. Zu viert nehmen sie den Marsch wieder auf und schleppen

sich mühselig weiter, dann stirbt der zweite Offizier, der auf seinen erfrorenen Beinen Abschied von seinen Freunden nimmt und wie ein Held allein in der eisigen Wüste stirbt. Zu dritt schleppen sie sich weiter durch die endlose Wüste von Frost und eisigen Orkanen und versuchen ein Depot zu erreichen, das für ihren Rückweg vom Südpol angelegt war, aber das Wetter wird immer schlimmer, das Thermometer steigt 40° unter null, die Speisevorräte waren zu Ende gegangen, der Brennstoff ausgegangen und sie haben nur noch die Wahl zwischen Tod durch Hunger oder Erfrieren. Acht Tage versuchen sie noch gegen Hunger und Frost zu kämpfen und in ihrem kleinen Zelt in endloser grausamer frostiger Urwelt zu überleben, dann wissen sie am 29. März 1912, dass sie den nächsten Tag nicht mehr erleben und sterben werden. Sie kriechen in ihre Schlafsäcke und wissen, dass sie am nächsten Morgen nicht mehr aufwachen werden. Kapitän Scott, der Tagebuch führte, schrieb seine letzten Worte und seinen letzten Brief an die englische Nation, dass er im Kampfe um den englischen Ruhm ohne eigene Schuld unterlegen war. Er zählt Zufälle auf, die sich gegen die Mannschaft verschworen hatten und bittet England für die Hinterbliebenen zu sorgen. Bis zum letzten Augenblick halten die erfrorenen Hände den Stift zum Schreiben in der Hand und sterben als Helden am 29. März 1912, dem letzten Tag seines Tagebuches, das er während seiner gesamten Südpolexpedition geschrieben hat. Erst am 12. November 1912 erreicht man ihr kleines Zelt, in dem sie erfroren lagen und errichtete ihnen ein weißes Grab mit einem kleinen Kreuz als Zeugnis ihrer heroischen zweiten Eroberung des Südpols. Amundsen dagegen, der früher aufgebrochen war, war wohlbehalten nach Norwegen zurückgekehrt. An dem Tag, an dem Kapitän Scott und seine Begleiter am Südpol sterben, wird in Deutschland der erste weibliche Flugkapitän Hanna Reitsch (siehe Prominenten Geburtstage) geboren.

Mamonobo (Heiligenbeil) 29.3.1945
Die Ostsee ist die einzige Küste auf der Welt, an der man bedeu-

tende Bernsteinlager findet. Heiligenbeil, Samland und Königsberg waren einmal eines der bekanntesten und größten Bernsteinlager Deutschlands. Der Bernstein ist ein fossiles erhärtetes Harz der vorzeitlichen Kieferstämme, die 50 Millionen Jahre alt sind überflutet von der Ostsee und anderen Gewässern. Große Bernsteinlager befinden sich tief am Boden der Ostsee, am Strand und im Flachwasser nach schweren Brandungswellen. Der Bernstein war ein urdeutscher Stein. So wurden nach Hitlers Machtergreifung in den Jahren 1933-1944 60 Millionen Anstecknadeln aus Bernstein an das Volk verteilt. Mit dem Nationalsozialismus erlebte der deutsche Bernstein eine Wiederauferstehung und geriet nach dem Krieg wieder in Vergessenheit. Große Bernsteinvorkommen befinden sich in den Ostseeländern Polen, Litauen, Estland, Lettland und Russland, letzteres bekannt durch das berühmte Bernsteinzimmer, das im zweiten Weltkrieg im Dezember 1941 von deutschen Truppen als Kriegsbeute von Puschkin bei Sankt Petersburg nach Königsberg gebracht worden war. Das Königsberger Ordensschloss, in das das Bernsteinzimmer als Kriegsbeute gebracht wurde, war schon immer eine besondere Stätte der Macht. Die Geburtsstunde der Macht Preußens schlug am 18. Januar 1701. Auf dem Königsberger Schloss, wo König Friedrich I. von Preußen am 11. Juli 1657 geboren wurde, krönte er sich am 18. Januar 1701 mit Einverständnis von Kaiser Leopold zum König. Zur Krönungsfeier wurden für das Volk ganze Ochsen gebraten, Gold und Silbermünzen in die Menge geworfen und aus zwei Brunnen sprudelten 4000 Liter Wein für das Volk. Im ersten Weltkrieg blieb Königsberg weiterhin eine Machtstätte von Wilhelm II. Im zweiten Weltkrieg war Königsberg die Machtstätte von den Nationalsozialisten geworden. Bis 1945 befand sich bei Königsberg das Hitlerhauptquartier Wolfsschanze bei Rastenberg und große Waldlager in Angerburg und Lötzen. Hitlers Plan die Stadt Königsberg auch weiterhin als eine kulturelle und wissenschaftliche Machtstätte zu erhalten, konnte aufgrund des Kriegsendes nicht mehr verwirklicht werden. Die Königsberger Universität wurde am

17.8.1544 von Herzog Albrecht gegründet und eingeweiht. Der bekannteste Vertreter der Uni Albertina war Immanuel Kant, Professor für Logik und Metaphysik, geb. 22.4.1724 in Königsberg, gest. 12.2.1804. Aber auch der Gründer des ersten deutschen Freidenkerbundes Albert Dulk, geb. in Königsberg 1819 studierte in Königsberg und promovierte in Breslau, kehrte nach Königsberg zurück, um als Privatdozent an der Uni Albertina tätig zu werden. Dr. Dulk, Schriftsteller und Verleger engagierte sich besonders für eine demokratische und sozialdemokratische Politik, wurde jedoch wegen sogenannter demokratischer Umtriebe aus Königsberg vertrieben und gründete am 10.4.1881 zusammen mit Professor Dr. Ludwig Büchner, geb. 28.3.1824, gest. 30.4.1899, den ersten deutschen Freidenkerbund in Frankfurt. Die Bernsteinküste war zur damaligen Zeit eine moderne und gebildete Küste. Fast jeder kannte Kopernikus und seine Lehren und auch Peenemünde an der Ostseeküste mit der Raketentechnik war bis 1945 das erste Hightechzentrum der Welt, in dem Raketen mit dem fernen Ziel Mond gestartet wurden. Durch den zweiten Weltkrieg hat die Bernsteinküste schwere Zerstörungen erlitten, die nicht mehr wiederhergestellt werden können, aber noch immer gibt es jene berühmte blaue Erde, in der sich der Bernstein befindet. 98 % der Bernstein-Vorkommen der Welt befinden sich an der Bernsteinküste. Auch die Herstellung eines neuen Bernsteinzimmers nach dem Originalbernsteinzimmer, das 1980 in der USA verbrannt wurde, fand in Jantarny statt. An den deutschen Orden, der seit ca. 1190 die Bernsteinküste beherrschte, erinnern hingegen nur noch alte Mauern der einstigen Ordensburgen, die langsam verfallen, obwohl es sicher noch einige gibt, die gerne ein altes Gutshaus als Gedenkstätte an der Bernsteinküste erhalten möchten, denn auch ohne Burgen und Schlösser ist die Bernsteinküste trotz der Verfallsgeschehnisse eine der schönsten Küsten der Welt mit schönen Sandstränden, hohen Hügellandschaften bis an die Meeresküste, schönen Naturschutzgebieten und einigen panoramareichen Fahrradwegen. Auch Bernsteinartikel werden noch immer angeboten. 1928 kam der NSDAP Gauleiter Erich Koch nach Königsberg und zwang nach der Machtübernahme von Hitler im Januar 1933 den Oberpräsident der Provinz Königsberg zum Rücktritt, um das Amt selber zu übernehmen. Koch war einer der übelsten Nazi Funktionäre und Nazi Täter, der u.a. sein Amt auch dazu benutzte, sich hemmungslos widerrechtlich zu bereichern, er förderte insbesondere den Abbau von Bernstein im Bernsteinwerk Palmnicken.

In der Zeit der Nationalsozialisten unter dem Diktator Hitler wurde der Bernstein in größerem Umfang abgebaut und gehandelt, der Bernstein wurde als Gold der Ostsee, Deutsches Gold, Deutscher Wertstoff bezeichnet und ähnlich wie Braunkohle abgebaut. Mit großen Schaufelbaggern wurde die blaue bernsteinhaltige Erde in Waggons der Grubenbahn gefüllt und dann mit Wasserwerfern ausgespült. Das durch Wasser herausgelöste Bernsteinmaterial aus der Erde kam dann in Trommeln, wo es gewaschen und von Hand aussortiert wurde. Nur 10% kam für besondere schöne Schmuckstücke in Frage, der Rest wurde zusammengeschmolzen. Der deutsche Stein sollte aus ideologischen Gründen ein urdeutscher Stein werden, wofür sich Erich Koch, der Gauleiter von Ostpreußen, aktiv einsetzte. Selbst Siegerpreise bei sportlichen Wettkämpfen sollten aus besonderen Bernsteinexemplaren bestehen. 1937 feierte man den Bernstein und seine Herstellung mit einer Ausstellung im früheren Ordensschloß von Königsberg.

Eintrittskarte der Bernsteinwerke in Palmnicken,

Königsberg mit Schloßteich und Schloßbrücke früher
heute Kaliningrad

Der erste Überfall auf Rußland fand im Juni 1941 statt. Die Kämpfe und Bombardierungen in Polen und Königsberg wurden immer heftiger. Am 28. Januar 1945 erklärte Hitler Königsberg zur Festung, die um jeden Preis zu verteidigen sei. In Ostpreußen hatten sich nach der Januaroffensive 1945 der Roten Armee drei deutsche Kessel gebildet, um Heiligenbeil, Samland und Königsberg.

Schiffe der Ostsee früher

Marschall AIexander Wasilljewski der 3. Weißrussischen Front legte einen Schlachtplan fest, zuerst sollte der Heiligenbeiler KesseI liquidiert werden, dann Königsberg, dann Samland. Nach über zwei Wochen erbitterten Kämpfen fiel Heiligenbeil am 29. März 1945 in sowjetische Hände und wurde Rußland. Ob Zufall oder nicht, der 29.3.1945 war der Geburtstag von Rußlands Geheimchef Berija. Heiligenbeil wurde total zerstört und existiert nicht mehr im Städtebild wie früher. Die 1301 gegründete Stadt Heiligenbeil (im Wappen zwei gekreuzte heilige Beile) an einer besonderen Feuerkultstätte ist wegen der Feuerstätte mehrmals abgebrannt, auch die Kirche von Heiligenbeil hat mehrmals gebrannt. Der frühere Marktplatz ist eine leere Fläche und von der Kirche bestehen nur noch ein paar Mauerreste. Die Frauen in Heiligenbeil und an der Bernsteinküste waren mehr als anderswo an Frauenrechten interessiert, was möglicherweise auch ein Grund gewesen ist für das grausame Verbrechen an Frauen in Palmnicken. Am 9. April 1945 fiel Königsberg unter erbitterten Kämpfen auf beiden Seiten in russische Macht. Die Russen wollten Königsberg, die Wiege des Preußentums, für immer zerstören. Oberleutnant Brjussow, Professor für Vor- und Frühgeschichte am Historischen Museum in Moskau war mit einem streng geheimen Spezialauftrag nach Königsberg im April 1945 gekommen, um das Bernsteinzimmer und andere Kriegsbeuten zu suchen, aber das Bernsteinzimmer blieb verschollen bis es auf Umwegen in die USA gelangte. Am 5.3.1953 starb Stalin. Erster stellv. Ministerpräsident und Chef des Geheimdienstes von Russland wurde P. Lawrenti Berija, geb. 29.3.1899 (siehe Prominentengeburtstage), der am 23.12.1953 von Chruschtschow wegen Beschuldigungen des Verrats hingerichtet wurde. An die Macht kam Nikita Chruschtschow, der das durch den Krieg zerstörte Schloss in Königsberg sprengen lies, so dass heute nichts mehr davon zu sehen ist.

29.3.1943 Berlin
Prometheus mit der Feuerfackel
Ein früher Menschenrechtler war der Grieche Prometheus, der das

Wohl aller Bürger von Griechenland wünschte. Ihm zu Ehren werden bei griechischen Volksfesten Fackelläufe die sogenannten Prometheia veranstaltet. Prometheus war einer der ersten großen Künstler, der in Griechenland für die Könige und ihren Palästen Statuen als Bildhauer anfertigte und zum Brennen von Ton auch das Feuer benutzte. Prometheus war der größte Rivale von dem Baumeister Hephaistos, der die goldenen Königspaläste in Griechenland baute, u.a. den goldenen Palast des Königs Nestor von Pylos. Doch die Menschen in Griechenland waren damals sehr arm, viele waren Sklaven und das Leben der damaligen Griechen wurde zusätzlich durch die Last der Religion und des Götterkults schwer niedergedrückt bis ein Grieche wie Prometheus es wagte, seinen sterblichen Geist gegen die Könige, Götterkult und Religionen zu erheben, ihn hielten nicht Fabeln von rachenehmenden Göttern zurück durch Blitz und Donner, nicht die drohenden Strafen der nicht wirklich existierenden Götter, nicht der Hass der Könige, sondern gerade die üblen Zustände spornten seinen feurigen Geist an, dass er als einer der ersten die Torriegel der Natur, der Sklaverei, des falschen Götterkults zu durchbrechen gedenke. Das gefiel den Königen nicht, sie befahlen Hephaistos, Prometheus zu töten. Hephaistos überwältigte Prometheus, schmiedete ihn an einen Felsen im Kaukasus zwischen dem Schwarzen und Kaspischen Meer, wo er den langsamen Tod sterben sollte. Prometheus jedoch verdammte die Könige und ihre Götter und sprach laut, er Prometheus habe gern rebelliert zum Heil der Menschen und sich selbst dies Leid erzeugt, von ihm Prometheus kommt die Kunst und das Feuer, dem falschen Zeus, der den Menschen die Kunst neidet, prophezeit er, dass Zeus selbst Sklave werden wird, dann wird er sehen wie verschieden Herrschen ist und Sklave sein, er Promtheus hasse jeden Gott und werde sich niemals der göttlichenn Macht beugen und stürzt dabei mit dem Felsen in den Tartarus, in das Kaspische und Schwarze Meer. Die Feuerfackel von Prometheus soll aus Stroh und Schwefel bestanden haben. Nach einem alten Feuerrezept bringt man auf getrocknete Strohhalme, trockene Äste, Holzspäne, Papier, und einigen größeren Holzstücken, ½ Teelöffel feinkörniges Kaliumpermanganat, darüber ½ Teelöffel Glycerin, wodurch ein Feuer entzündet wird. Ein weiteres antikes Feuer wird nach der Stadt Kolophon genannt. Das Kolophonium ist ein hellgelbes bis rubinrotes Harz der Kieferwurzeln. Das griechische Feuer, eine Mischung aus Kolophonium, Schwefel, Salpeter ist ein Feuer, das selbst auf Wasser brennt. Die kleinste Feuerfackel ist noch immer das Streichholz, eines der besten Hilfsmittel, um Feuer zu entzünden. Bekannterweise war der Schwefel schon im Altertum ein Attribut des Teufels und der Hölle, der aus schwefelhaltigem Gestein gewonnen wurde. Einer seiner Vertreter war der Italiener Sobrero. Er entdeckte das Nitroglycerin. Es brennt nicht nur, sondern unter bestimmten Umständen hat es die Eigenschaft mit großer Gewalt zu explodieren, woraus auch das Dynamit gewonnen wird. Das Dynamit spielte im zweiten Weltkrieg eine große Rolle. Noch um das Jahr 1900 kam die wichtigste Schwefelerzeugung aus Sizilien. Die NS-Herrschaft unter Hitler waren nicht nur große Anhänger von Feuerfackeln und Veranstaltungen mit Fackelzügen, sondern auch ernste Anwender des Dynamits.

Lissabon 29.3.1998
Am 29. März 1998 fand die Einweihung der längsten Brücke Europas Vasco da Gama statt. In Lissabon befindet sich auch die größte Hängebrücke Europas Ponte Salazar. An der über 850 Kilometer langen Küste Portugals zeigt der Atlantik alle seine Möglichkeiten einen Strand zu formen. Endlose Sandstrände, an denen viele sonnenhungrige Urlauber Vergnügen und Erholung suchen abwechselnd mit kleinen Badebuchten, die wenig Menschenfüße betreten haben bis zur südlichsten Spitze Europas Kap S. Vincente, wo u. a. die von Heinrich dem Seefahrer, gest. 13.11.1460 in Sagres, gegründete Seefahrerschule sich befand und die Seefahrer wie Vasco da Gama und Christoph Columbus ihre Kenntnisse in Navigation erweiterten. Einige Kilometer weiter erreicht man die Felsenalgarve mit ihren kleinen Badebuchten und ihren gelb- und erdfarbenen Felsformationen, die zu einer der schönsten Küstenlandschaften der

Ponte Vasco da Gama

Ponte Salazar

Welt gehört. Auf jeden Fall sollte ein Spaziergang zu dem Leuchtturm und den Felsengrotten im Meer von Ponta da Piedade bei Lagos nicht fehlen, wo Felsen steil ins Meer stürzen und bizarre wunderliche Felsen bilden und eine lange Treppe bis an das Meer führt. Ein mildes ozeanisches Klima mit ewig frühlingshaften Temperaturen und einer atemberaubenden Landschaft voller Gegensätzen findet man auf der Insel Madeira, einer kleinen Insel 1000 Kilometer südwestlich von Portugal mitten im Atlantik und nur 57 mal 22 Kilometer groß.

Eigentlich bedeutet der Name Madeira "Holzinsel", welche früher vollständig bewaldet war, heute ist sie eine Blumeninsel mit schönen Urwäldern und Steilküsten. Eine kleine Schifffahrt zur nahe gelegenen Insel Porto Santo mit dem kleinen Ort Ponta und der Bergwelt wird eine interessante Abwechslung sein, denn hier findet man einen der schönsten goldgelben Sandstrände Portugals fast für sich alleine. Die kleine Insel Porto Santo 11km mal 6km groß mit einem Fahrradweg von Vila Baleira entlang am goldgelben Strand und den Orten Lombos, Campo de Baixo, dem kleinen Ort Ponta bis zur Ortschaft Ponta da Calheta, mit dem historischen Platz Ponta do Gabriel. Der Engel Gabriel war der höchste Racheengel in der jüdischen Bibel. Der italienische Seefahrer, Großadmiral, Vizekönig Columbus in spanischen Diensten, geb. 25.8.1451 in Genua entdeckte Neuland in Südamerika und starb nach seiner 4. Seereise am 20.5.1506 in der spanischen Stadt Valladolid, die damals der Sitz der kastilischen Könige war. Die Insel Porto Santo war einst eine Insel mit Drachenbäumen, die bis zu 20m hoch werden und an der Luft ein rotes Harz bilden, das früher für Farben und Lacke verwendet wurde. Auch die lebensnotwendigen Kornfelder wurden vernichtet.

Die kleine Insel Porto Santo im Atlantischen Ozean ist durch unkluge Ausbeutung eine ausgetrocknete Insel geworden, die über keine mit dauernden Wasser führende Flüsse verfügt. Trinkwasser muß eingeführt werden. 6 km nordwestlich von Vila Baleira gibt es sogar eine Süßwasserquelle Fonte de Areia, eine Sandquelle, die als öffentlicher Waschplatz benutzt wurde und 6 km südwestlich von Vila Baleira an der Ponta da Calheta hat man eine Aussicht vom Pico das Flores auf hohe Wasserfontänen, die aus den bizarren Felsen der kleinen Nachbarinsel Ilhéu de Baixo schießen. Porto Santo ist eine erhaltenswürdige Gedenkstätte an einen der größten Seefahrer Columbus mit dem schönen Ort Vila Baleira und dem Museum Casa Columbo, der uns die Schokolade nach Europa brachte. Madeira mit seinen vielen Wäldern ist besonders für schöne Wanderungen geeignet, festes Schuhwerk sollte daher nicht im Reisegepäck fehlen. Das Cabo Girao ist das höchste Riff mit 580 Metern Europas mit einem abenteuerlichen Blick hinunter auf eine schäumende Brandung des Meeres, auf schroffe Felsen und Terrassenfelder.

Ponta da Calheta

1478 landete Columbus als Zuckerhändler auf Madeira. Die Insel diente verschiedenen Seefahrern als Proviantstation. Christoph Columbus war einer der ersten, der die Inseln Madeira und Porto Santo als Seefahrer nutzte. Erst am 17.4.1492 trat Columbus in spanische Dienste des kastilischen Königshauses. Die Blumeninsel Madeira besitzt mehr als 700 verschiedene Blumen- und Pflanzenarten, exotische Obstplantagen, immergrüne Lorbeer- und Eukalyptuswälder, Anbau von Zuckerrohr und Wein und vieles mehr. Porto Moniz, wo auch Columbus und seine Mannschaft oft Station machten, wurde ab 1533 durch den Verwalter Francesco Moniz des portugiesischen Königshauses, der dort seinen Wohnsitz nahm, besiedelt und kultiviert. Seit Jahrhunderten werden die Obstplantagen und Gemüsefelder mit Bewässerungskanälen, Levados genannt, mit Wasser versorgt. Die gerechte Verteilung von Wasser wird von einem Levadeiro überwacht, ein Beruf, den es nur auf Madeira gibt. Auch das Handwerk der Korbflechter von Körben, Hüten, Möbeln ist auf Madeira noch immer verbreitet. Die portugiesische Nelkenrevolution am 25.4.1974 war der Beginn, eine stabilere demokratische und sozialdemokratische Regierung zu verwirklichen, aber erst 1987 wurde eine 9 jährige Schulpflicht eingeführt. 1970 sollen noch 40% der portugiesischen Bevölkerung Analphabeten gewesen sein, aber nur mit einer notwendigen Bildung kann man die wahren Naturgesetze verstehen, um zu entscheiden, was richtig und was falsch ist.

Porto Moniz

Madeira

29.3.1933 Potsdam Dr. Goebbels

Am 29.3.1933 werden Schauspieler, Regisseure und Mitarbeiter, die in der UFA nicht mehr erwünscht waren, fristlos entlassen. Anlass dieser Entlassungen war das in Brand gesteckte Reichstagsgebäude am 27.2.1933. Am nächsten Tag am 28.2.1933 wurde die Weimarer Verfassung außer Kraft gesetzt. Alle deutschen politischen Gegner wurden verfolgt und erschossen. Deutsche Beamte, die nicht in der NSDAP waren, wurden sofort entlassen. Im März 1937 wurde die UFA von Nationalsozialisten gekauft unter der Macht von Dr Goebbels, der wegen seiner propagandistischen Reden als Teufel in die Geschichte einging als Propaganderminister, Reichsminister und Kulturminister. Damals verfügten die Nationalsozialisten über den größten Kulturkonzern der Welt, besonders auch aufgrund der Entdeckung des deutschen Technikers Paul Nipkow, der als erster der Welt ein Fernsehprogramm in Berlin 1935 präsentiert hat Auch Hitler wurde am 20.11.1945 in den öffentlichen Gerichtsverhandlungen in Nürnberg als Teufel bezeichnet und der Schriftsteller Ernst Jünger beschreibt Ihn in seinen Büchern als Satan.

Der Anfang der Filmproduktion in Potsdam Babelsberg geht auf das Jahr 1911 auf Kaiser Wilhelm II zurück. Als 1917 die Filmgesellschaft UFA gegründet wurde, begann sehr schnell eine größere Filmstadt bis auf eine Größe von 40.000 qm zu entstehen. In Potsdam befindet sich auch das deutsche Filmmuseum. Dr. Goebbels und seine Frau Magda Goebbels mit ihren sechs Kindern begingen am 1.Mai 1945 Selbstmord in der Reichskanzlei Berlin. Geheiratet hatten Dr. Goebbels und Magda am 19.12.1931 auf dem Gut Severin, Heiligendamm an der Ostseeküste und beide in Schwarz. Wegen seiner Heirat mit der Protestantin Magda und ohne kirchlichen Segen wurde Dr. Goebbels aus der Kirche ausgeschlossen, nur Hitler und Regisseurin Leni Riefenstrahl waren Trauzeugen.

UFA Film 29.3.1934 Gold

Potsdam – Babelsberg

Drehort Potsdam – Babelsberg, die Filmstadt Babelsberg (DEFA) ist noch heute die ausgedehnste Filmstadt Europas.
Der Film Gold war einer der größten deutschen Science-Fiction Filme mit Hans Albers und Brigitte Helm in den Hauptrollen, uraufgeführt am 29.3.1934 in Berlin. Der Traum der Menschheit mit dem Stein der Weisen Gold machen zu können ist uralt. In dem Film

Gold jedoch will Professor Aschenbach selbst das Gold herstellen und glaubt durch Atomzertrümmerung aus Bleistücken Gold gewinnen zu konnen. Aschenbach und sein Assistent HoIk werden aber bei ihren Experimenten von einem Verbrecher sabotiert. Das Laboratorium explodiert und Professor Aschenbach ist tot. Holk überlebt die Explosion des Laboratoriums schwer verwundet. Ein Bleiwerkbesitzer Wills aus Schottland hat davon gehört und macht Holk dem Assistenten ein verlockendes Angebot. Auf der Yacht Savarona trifft sich Holk mit dem Großindustriellen Wills. An der schottischen Küste hat Wills ein gigantisches Großlaboratorium eingerichtet. Ein Fahrstuhl führt die beiden Wills und Holk tief hinunter ins Bleibergwerk, von wo aus die eigentliche Fahrt zu dem Goldlaboratorium erst beginnt. Schaudernd erfährt Holk von Wills, dass sich das Goldlaboratorium unter dem Meer in einer Felsenhöhle befindet. Wenn einmal die See durch die Felsendecke bricht ersäuft die ganze Goldmacherwerkstatt. Holk sieht sofort, dass man hier die Versuche Aschenbachs widerrechtlich nachgemacht hat. Ein Streit zwischen dem Chefingenieur Harris und Holk entsteht, woraufhin Holk das Laboratorium wütend verlässt. Im Schloss trifft Holk die schöne Florence, Tochter von Wills. Florence will Holk helfen, aber Holk denkt an seine Braut Margit und bleibt hart gegen jede Versuchung. Im Laboratorium prüft Holk erneut die Maschinen. Er schaltet die Maschinen ein, regelt Spannung und Stärke der ungeheuren hier zur Verfügung stehenden elektrischen Ströme nach den Grundsätzen von Aschenbach und mit ohrenbetäubendem Geräusch zischen und knattern die Strahlen auf das Bleistück. Es schmilzt und brodelt und Holk schaltet den Strom aus, prüft das Ergebnis der Zertrümmerung und hält ein Stück reines Gold in der Hand. Da begreift er, dass der tote Professor Aschenbach recht gehabt hat. Da hat jemand Aschenbachs Ideen nach Schottland gebracht. Wütend wirft Holk das Gold Wills vor die Füße, da er nur durch Sabotage an Aschenbachs Geheimnis gekommen ist. Wills hingegen will sofort mit der Goldfabrikation beginnen. Die bevorstehende Goldflut entwertet alles Wertvolle, die Presse rast vor Aufregung, überall fallen die Preise, eine Wirtschaftskatastrophe kündigt sich an, noch ehe das Gold da ist. Holk weiß jetzt, dass die Goldmaschine zerstört werden muss, niemals soll die ehrliche Erfinderarbeit von Aschenbach Unglück über die Menschen bringen. HoIk wirft seine Anklage dem Bleibergwerksbesitzer Wills ins Gesicht, der sich am Gold bereichern will zum Unglück von Tausenden von Menschen. Durch einen Streit zwischen Wills und Holk zerstört eine ungeheure Explosion die Felsendecke des Laboratoriums und mit ungeahnter Gewalt brechen die Meeresfluten herein und Wills stirbt in den Fluten mit seiner Goldmaschine und dem Gold im Meer.

Horoskop unter NS-Herrschaft und Hakenkreuz
29.3.1943 23.30h Berlin, Kalckreuthstr. 12

Ein richtiges Horoskop ist eine komplizierte mathematische Berechnung, für die man den Geburtsort, Geburtsdatum, Geburtsminute und die gültigen Ephemeriden benötigt und einen guten Mathematiker, der dies alles zusammenberechnet. Wahrheit ist, dass der Mensch in erster Linie von seinen Eltern abstammt von denen er den sogenannten genetischen Code erhält, die DNA bestehend aus einer Atommolekülkette und jeder Mensch ist einmalig. Aber auch die Umwelt spielt eine wichtige Rolle, für die Europäer geht die Astrologie auf die antiken griechischen Gelehrten zurück u.a. auf Ptolemäus. Es gab früher sogar Lehrstühle für Astrologie in Padua, Paris, Bologna, Florenz, Oxford. Der letzte Lehrstuhl für Astrologie befand sich in Würzburg und wurde 1817 abgeschafft, aber bis heute wurden die Horoskope in den Zeitschriften nicht eingestellt, die aber für ein persönliches Horoskop zu ungenau sind, zumal seit dem neuen Sonnenstand neu errechnete Ephemeriden benötigt werden, die aber bis heute von keinem fähigen Mathematiker neu errechnet wurden. Zur Nazizeit in Deutschland gab es allerdings starke Anhänger der Astrologie in der Parteispitze der NS-Herrschaft aber auch ernste Gegner. Besonders entscheidend ist auch der Aszendent in einem Horoskop, der aber nur mit neu errechneten Ephemeriden und den genauen Geburtsdaten hergestellt werden kann. Der Aszendent stellt die Persönlichkeit eines Menschen dar. Wer kein echtes Horoskop besitzt, ist auch nicht schlechter dran, denn Wissenschaffler haben festgestellt, dass nur 2% der gesamten Menschheit hoch begabt sind, der Rest der Menschheit ist Durchschnitt, der etwas darüber oder darunter liegt. Was einer leisten kann und auf welchem Gebiet seine Begabungen liegen, läßt sich in der Schule und im Berufsleben beweisen.

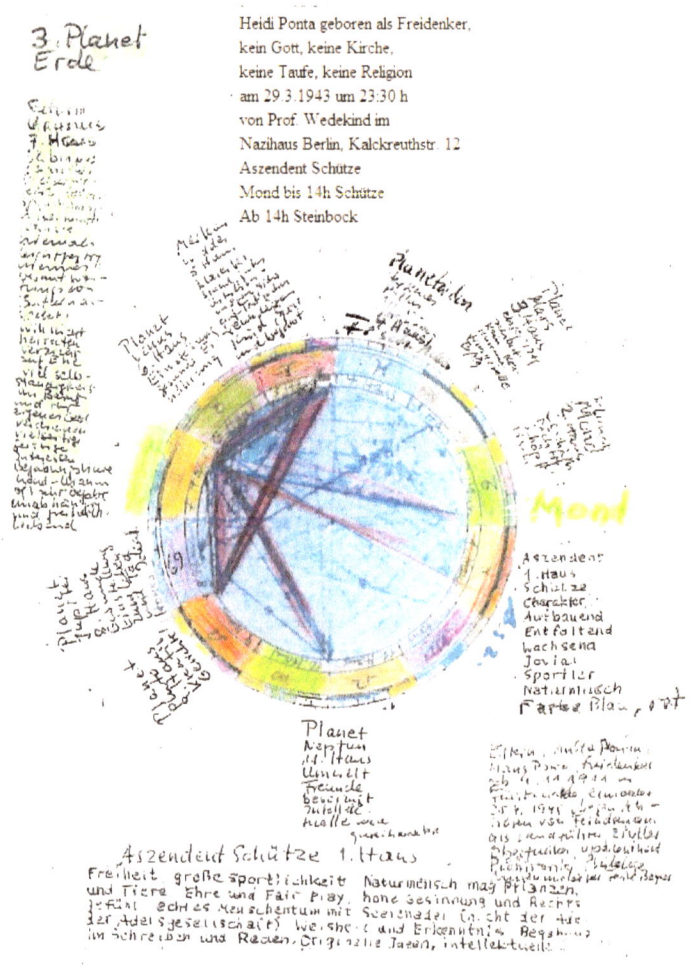

Berlin 29. März 1894

Der erste Frauenverein zur Gleichberechtigung wird in Berlin am 29.3.1894 unter dem Symbol des Siegesengels vom 1. Weltkrieg und unter der letzten deutschen Königin Auguste Victoria gegründet. Der goldene Engel befand sich damals noch direkt vor dem Reichstagsgebäude und wurde später von Hitler zum großen Stern versetzt.

Berlin 29. März 1943 unter NS-Herrschaft und Hakenkreuz

Der Verein der Frauenliga wurde erneut am 29.3.1943 im Reichstagsgebäude Berlin unter dem obersten SA Führer Hitler gegründet. Die am 29.3.1943 in Berlin geborenen Widder waren als besondere Feuermenschen geboren nach den astrologischen Elementen im Horoskop. Der Mensch wird aber hauptsächlich von den genetischen Erbanlagen geprägt (DNA Atommolekülen). Das jüngste Mitglied der Frauenliga Heidi Ponta wurde am 29.3.1943 um 23.30h in Ber

Amtszimmer im Reichstaggebäude, in dem die Frauenligagründung 1943 stattfand

lin-Schöneberg, Kalckreuthstr. 12 von dem Naziarzt Prof. H. Wedekind (Freund vom Hitlervertreter R. Heß) geboren als Freidenker, ohne Taufe, Kirche, Gott und Sonne. Auf Anordnung von Bormann und SS Himmler kam Heidi Ponta direkt nach der Geburt als Holocaust in das ab 1943 eingerichtete Frauen- und Jugendgefängnis bzw. Sippenhaft Berlin-Lichtenberg, Hauptstr. 7. Am 9.11.1918 wurde in Deutschland die erste deutsche Demokratie und Abdankung von Kaiser Wilhelm II bekanntgegeben. Die Demokratie Deutschlands dauerte nur wenige Jahre. Am 28.2.1933 wurde die Weimarer Verfassung außer Kraft gesetzt und viele Demokraten und Sozialdemokraten wurden ermordet und Deutschland wurde eine Diktatur mit dem Diktator Hitler und der NS-Herrschaft. Auch Frauen aus Heiligenbeil, Königsberg und der ostpreußischen Bernsteinküste traten der neu gegründeten Frauenliga bei. Der Tag der Frauenligagründung hing auch mit dem Feuerkult wie Herdfeuer und Olympiafeuer zusammen. Nicht nur der Königsberger Professor Immanuel Kant promovierte über das Feuer, sondern auch Professor Santorio war ein Feuermensch, er erfand das Fieberthermometer, das mit Feuer und Temperatur zusammenhängt (siehe Prominentengeburtstage). 1936 wurde das olympische Feuer in Berlin zur Olympiade wiedereingeführt. Das olympische Feuer wurde im Zeustempel in Griechenland entzündet und in einem Fackellauf durch Berlin ins Olympiastadion gebracht. Die Filmregisseurin Leni Riefenstrahl, die mit ihren Film Olympia 1936 Weltruhm erlangte, der zu den 10 besten Filmen damals gehörte, wurde jedoch 1938 in Amerika öffentlich als die Mätresse Hitlers bezeichnet und ihr gefeierter Olympiafilm wurde boykottiert. Auch ihre ehemaligen Künstlerfreunde in USA wollten nichts mehr von ihr wissen. Enttäuscht kehrte sie nach Deutschland zurück. Die Regisseurin Leni Riefenstrahl wurde am 22.8.1902 in Berlin geboren und starb mit 101 Jahren am 8.9.2003 in Pöcking/ LK Starnberg. Leni Riefenstrahl wurde zur Nazizeit eine Kultfigur der Frauenbewegung. Mit 96 Jahren drehte Leni Riefenstrahl ihren Taucherfilm „Impressionen unter Wasser". Riefenstrahl und der Olympiaingenieur Paul Nipkow waren beide am 22.8. geboren, Nipkow am 22.8.1860 in Lauenburg / Pommern, gestorben am 24.8.1940 in Berlin. Dem deutschen Techniker Paul Nipkow gelang erstmalig auf der Welt die elektrische Bildübertragung in schwarz-weiß. Am 22.3.1935 wurde in Berlin das erste regelmäßige Fernsehprogramm der Welt an drei Wochentagen von 20.30-22 Uhr in Gaststätten von Berlin ausgestrahlt. Die olympischen Spiele sind das erste sportliche Großereignis der Welt, das einem breiten Publikum außerhalb der Sportarena in Gaststätten zugänglich gemacht wurde. Amerika gelingt das erste Fernsehprogramm erst 1939 bei der Weltausstellung in New York, bei der die Rede von President Roosevelt übertragen wurde. Das Olympiastadion in Berlin erhielt in den Jahren 2000-2004 große Umbauten. Die ersten Bauarbeiten am Stadion begannen 1934. 2600 Arbeiter arbeiteten immer gleichzeitig auf der Baustelle. Der Architekt, der das Olympiastadion entworfen hatte, war der Berliner Architekt Werner March. Von 1934-1936 ließ Hitler das Stadion für die 11. Olympiade erbauen, die am 1.8.-16.8.1936 stattfand und persönlich von Hitler eröffnet wurde. 3936 Sportler aus 49 Ländern der Welt nahmen teil. Die deutschen Sportler gewannen 33 Goldmedaillen.

Berlin Mitte

Die ersten olympischen Spiele gehen auf das Jahr 776 v.u.Z. zurück, da es noch die ersten Listen der griechischen Sieger gibt. Die ersten römischen olympischen Spiele gehen auf den römischen

Berlin Siegessäule, Brandenburger Tor

Kaiser Nero zurück, der öffentlich als Wagenlenker, Sänger und Schauspieler auftrat und wurde in den Jahren 66-68 n. Chr. als Sieger bei den griechischen Festspielen gefeiert, später wurden auch römische olympische Spiele eingeführt. Das 2004 neu umgebaute Olympiastadion ist eine moderne sportliche Grossanlage geworden, in der 1974 die Deutschen die Fußball-Weltmeisterschaft gewannen. Aber Sport war nicht immer beliebt. Bis zum 19. Jahrhundert galt Sport als unschicklich. Erst Turnvater und Gymnasiallehrer Friedrich Ludwig Jahn (1778-1882) machte bei den Berlinern den Sport beliebt. In der Hasenheide bei Berlin begann Turnvater Jahn mit öffentlichen Turnübungen, zu denen viele Berliner kamen, um mitzuturnen, aber wegen seiner allzu sportlichen Reden und öffentlichen Turnübungen kam Turnvater Jahn ins Gefängnis für einige Jahre. Das königliche Preußen verhängte Turnsperre. Erst später wurde Turnvater Jahn rehabilitiert und Turnen und Sport wurden zum Schulfach erklärt. In der früheren Treptower Freizeitanlage, wo Musik schon zur Brunch Zeit (10-14h) zu Kaffee und Kuchen einlud, befindet sich die alte Archenhold Sternwarte in der Nähe des Denkmals von den Kosmonauten Juri Gagarin und Sigmund Jähn sowie die Anliegestelle der Weißen Flotte. Im anschließenden Plänterwald gab es früher für irdische Vergnügungen den Kulturpark mit Riesenrad und Berg- und Talbahn. Auf der anderen Seite des Sees bzw. der Spree stehen noch die alten ausgedienten roten Gefängnisse von Berlin Lichtenberg.

Der Astronom Friedrich Simon Archenhold (1881-1939) konstruierte und baute den Berlinern 1896 eine Sternwarte mit einem Fernblick zum Mond. Zur Nazizeit befand sich in der Sternwarte Archenhold eine Paßfälscher Zentrale der Kommunisten. Im Herbst 1933 wurde daher die Berliner Leitung der KPD verhaftet und 60.000 Kommunisten wurden eingesperrt. Heute ist die Sternwarte nur noch ein Museum. Das Holocaust Mahnmal von Berlin befindet sich an der Behrenstraße und besteht aus 2711 unterschiedlichen hohen schwarzgrauen Betonklötzen. Der Alexanderplatz bleibt auch weiterhin ein beliebter Treffpunkt in Berlin-Mitte mit der Weltzeituhr, die 1969 erbaut wurde und aus 24 Feldern, die den 24 Zeitzonen der Welt entspricht, besteht. Das Cafe auf dem 365 m hohen Fernsehturm auf dem Alexanderplatz dreht sich in einer Stunde um sich selbst. Die kleine zweitälteste Marienkirche auf dem Alexanderplatz von Berlin wurde im Jahre 1270 gebaut. Der Neptun-Brunnen stand ursprünglich auf der Spreeinsel und war ein Geschenk an Kaiser Wilhelm II. Wegen seiner Vorliebe für das Meer und die Marine erhielt der Brunnen Verzierungen von Wasserfabeltieren und wurde auf den Alexanderplatz versetzt. Das rote Rathaus wurde im Jahre 1862 bis 1869 erbaut und ist der Sitz des regierenden Bürgermeisters von Berlin. Eines der ältesten und schönsten Viertel von Berlin ist das Nikolaiviertel. Berlin soll 979 Brücken haben. Die meisten Brücken befinden sich in Berlin Mitte, Charlottenburg und Treptow, wo es besonders viele Flussarme und Was-

Berlin Oberbaumbrücke

serläufe der Spree gibt. Geht man von der Karl-Liebknecht-Brücke zur Straße Unter den Linden, vorbei am Berliner Dom, dem Alten Museum, am Berliner Lustgarten und der Humboldt Universität gelangt man zum Brandenburger Tor. Rechts vom Brandenburger Tor befindet sich das Reichstagsgebäude, das 1894 neu erbaut und eingeweiht wurde, 1933 von Gegnern der Regierung durch Brandstiftung zerstört und 1945 zerbombt wurde. Vom Brandenburger Tor blickt man direkt auf den Großen Stern mit der Siegessäule, die in Erinnerung an die Siege von 1864 bis 1871 erbaut wurde mit dem Siegesengel Victoria mit einem Adler auf dem Haupte und einem Siegeskranz in der Hand und dem Eisernen Kreuz in der anderen. Wer die 265 Stufen emporsteigt, wird mit einem Rundblick über Berlin belohnt. Quer durch den Tiergarten vorbei an der Siegessäule geht es auf verschlungenen Wegen entlang von angelegten Wasserläufen mit Statuen, Dichtern, Musikern und Königinnen bis zum Landwehrkanal, wo der Eingang des ehemaligen Oberkommandos der Wehrmacht des 2. Weltkrieges liegt. Im Ehrenhof dieses Gebäudekomplexes ist die Gedenkstätte des deutschen Widerstandes, die an die hier erschossenen Offiziere erinnert, die am 20. Juli 1944 das Attentat in der Wolfsschanze auf Hitler unternommen hatten. In Berlin befindet sich auch der älteste Zoo Deutschlands, der 1844 mit dem verzierten Elefantentor eingeweiht wurde. Als Mahnmal für die Zerstörungen des 2. Weltkrieges blieb die Ruine der Kaiser-Wilhelm-Gedächtniskirche auf dem Kurfürstendamm stehen. Der 3,5 km lange Kurfürstendamm war einmal der bekannteste Einkaufsboulevard von Berlin, aber seit der Wiedervereinigung hat der Kurfürstendamm (Kudamm) an Bedeutung verloren, der Anziehungspunkt der Touristen ist Berlin-Mitte geworden.

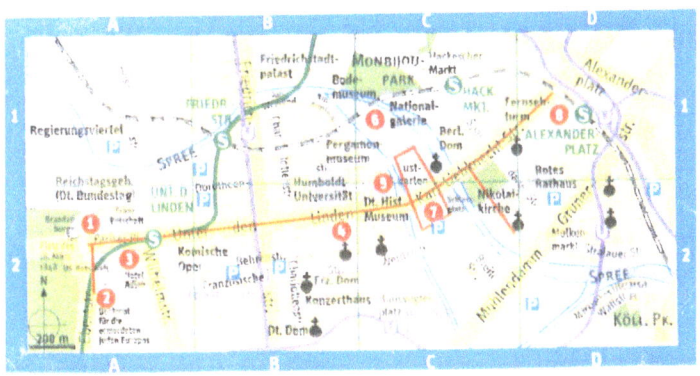

Der Ursprung von Berlin, der kleinen Stadt an der Spree ist das vor 800 Jahren gegründete Nikolaiviertel mit der Nikolaikirche, die sich auf dem ältesten Stadtgebiet von Berlin befindet. Die Nikolaikirche war ursprünglich als Schutzheilige geweiht für Seeleute, Kaufleute und dem heiligen Nikolaus nach dem Bischof von Myra gestorben 6.12.345. Nach ihm wurde der 6.12. zum Nikolaustag.

Das Nikolaiviertel ist eine schöne Mischung aus dem 18.,19. und 20. Jahrhundert mit vielen interessanten kleinen Geschäften und gemütlichen Gaststätten. Neben dem Tiergarten, Jungfernheide, Humboldthain, ist der Grunewald die nächstliegende Grünanlage zur Innenstadt von Berlin. Vom Grunewald im Westen begrenzt von der Havel im Osten von einer Seenrinne mit Hochmooren, gelangt man südlich zur Heerstraße in Charlottenburg, wo der Teufelssee mit dem Teufelsberg liegt, der mit einer 115 m hohen Anhäufung von Kriegstrümmern entstanden ist. Vom Grunewaldturm blickt man auf die Havel und den großen Wannsee.

4. Prominente Geburtstagskinder
Geboren am 29. März

Santorio 1561

Wilhelm Liebknecht 1826

Hanna Reitsch 1912

Ernst Jünger 1895

Carlo M. Buonaparte 1746

Pawlowitsch Lawrenti Berija 1899

Terence Hill 1940

Ilse Konrads 1944

Klaus Bachler 1951

Alfred Neubauer 1891

Professor Santorio 29.3.1561
Italienischer Arzt
Santorio, der berühmte Arzt des 16. Jahrhunderts erblickte in Capo d'Istria das Licht der Welt. Er studierte in Padua und wurde bereits während seiner Studienzeit als Arzt zum König von Polen berufen. Lange Jahre lebte er in Polen und Venedig und wurde 1611 an die Universität von Padua als Professor für praktische und theoretische Medizin verpflichtet. Santorio ging als Erfinder des Fieberthermometers in die Geschichte der Medizin ein. Weiterhin erfand er einen Pulsmesser, das Hygroskop zur Bestimmung der Luftfeuchtigkeit und andere medizinische Neuheiten. Zu seinem hundertsten Geburtstag erschien 1660 in Venedig eine Gesamtausgabe seiner Werke. († 22. Februar 1636). Auch Professor Galilei war 1592 an der Universität Padua tätig.

Carlo Maria Buonaparte 29.3.1746
Italienischer Jurist † 24.2.1785
Am 29.3.1746 wird Carlo Buonaparte in Ajaccio auf der Insel Korsika geboren. Seine vielen Kinder wurden später als Könige in Europa eingesetzt, u.a. war er der Vater vom französischen Kaiser Napoleon I, Louis Buonaparte war der Vater von Napoleon III. Seit 238 v. Chr. gehörte Korsika zum römischen Reich. 1736 machten die Korsen den Abenteurer Baron Theodor Neuhof zum König, 1755- 1759 war General P. Paoli Diktator auf Korsika. 1768 verkaufte Genua die Insel Korsika an Frankreich und deshalb kämpfte Carlo Buonaparte in den Jahren 1768-1769 für die Unabhängigkeit Korsikas, was ihm nicht gelang. 1773 wurde er königlicher Rat und sein Sohn Napoleon I wurde 1804 französischer Kaiser in Frankreich.

Wilhelm Liebknecht 29.3.1826
Am 29. März 1826 wird der deutsche Politiker Wilhelm Liebknecht in Gießen geboren und starb am 7. August 1900 in Berlin. Liebknecht beteiligte sich am Badischen Aufstand 1848-1849, 1850

floh Liebknecht nach London und machte dort die Bekanntschaft von F. Engels und wurde Anhänger von Karl Marx. 1862 kehrte er nach Deutschland zurück und gründete mit A. Bebel die sozialdemokratische Arbeiterpartei und wurde der erste sozialdemokratische Abgeordnete vom norddeutschen Reichstag, der die Interessen eines Arbeiter und Agrarstaates vertrat. Ab 1890 war Liebknecht Chefredakteur der Zeitung Vorwärts. Bis 1900 war Liebknecht Mitglied des Reichstags. Sein Sohn Karl Liebknecht, geboren am 13. August 1871 in Leipzig, ist am 15. Januar 1919 gestorben. Er gehörte ab 1908 dem preußischen Abgeordneten-Haus und seit 1912 dem Reichstag an. Karl Liebknecht gab eine öffentliche Veranstaltung einer Antikriegskundgebung am 1. Mai 1916 und bekam dafür 4 Jahre Zuchthaus. 1918 wurde er begnadigt, Ende 1918 gründete er zusammen mit Rosa Luxemburg die kommunistische Partei Deutschlands und wurde in die Zentrale gewählt. Nach dem Berliner Spartakusaufstand, an dem Liebknecht und Rosa Luxemburg führend teilnahmen, wurden beide verhaftet und im Auftrag von Noske, Pabst und Canaris (Hitlers späterer Abwehrchef) ermordet am 15.1.1919.

Karl Marx war der Sohn einer jüdischen Protestantenfamilie in Trier, der ältesten Stadt Deutschlands. Nach seinem Studium der Rechtswissenschaften, Philosophie und Geschichte wandte er sich insbesondere der Philosophie und dem Sozialismus zu. 1842-1843 war er Redakteur der liberalen Rhein Zeitung. Karl Marx unterstützte die Arbeiterbewegung und schrieb dazu sein Kommunistisches Manifest. 1875 schließen sich in Gotha die Lassalleaner des Allgemeinen Deutschen Arbeitervereins ADAV mit der stark von Karl Marx beeinflußten in Eisenach gegründeten Sozialdemokratischen Arbeiterpartei SDAP zu einer sozialistischen Arbeiterpartei Deutschland zusammen. Gründer der SDAP waren August Bebel, geb. 22.2.1840 und Willhelm Liebknecht, geb. 29.3.1826 und Gründer der ADAV waren Karl Marx und Ferdinand Lassalle. Lassalle, geb. 11.4.1825 war der Sohn eines jüdischen Tuchhändlers. Lassalle studierte von 1843-1846 Philologie, Geschichte und Philosophie und war wie Marx an der Rhein Zeitung tätig. Lassalle vertrat die Ansicht, ein Demokratischer Staat sei erst mit ein gleiches Recht für alle zu erreichen, wozu er 1861 sein politisches Werk Das System der erworbenen Rechte veröffentlichte. Eine besondere Anhängerin und Freundin von Lassalle war die Gräfin Sophie von Hatzfeld. Diese Freundschaft wurde ihn zum Verhängnis, er starb an den Folgen eines Duells am 31.8.1864. Das Gothaer Programm der SAPD waren radikale demokratische Ziele, Arbeiterproduktionsgenossenschaften, gewerkschaftliche Forderungen, das auf Veränderung des deutschen Nationalstaats im Sinne einer Reform erarbeitet wurde. Karl Marx bekam die Feindschaft der Nachbarländer von Trier zu spüren und floh nach London, wo er mit Friedrich Engels (Philosoph, Politiker und Kaufmann) den wissenschaftlichen Sozialismus ausarbeitete. Erst in den letzten Lebensjahren erhält Marx Anerkennung als führender Vertreter des Wissenschaftlichen Sozialismus. Die späteren Vertreter des Wissenschaftlichen Sozialismus waren u.a. Karl Liebknecht, Sohn von Wilhelm Liebknecht und Rosa Luxemburg. Am 28.2.1933 wurde der Reichstag und die Weimarer Verfassung von den Nationalsozialisten unter der Führung von Hitler außer Kraft gesetzt, alle Demokraten und Sozialisten wurden verhaftet und ermordet. 1943 kamen verfolgte Frauen und Jugendliche zwecks Umerziehung zum Nationalsozialismus in die SS/Himmler Frauen- und Jugendstrafanstalt Berlin-Lichtenberg, die 1945 russisches Gefängnis wurde, in das Hitlers Sekretärin Traudl Junge nach dem Tod von Hitler kam. Bis 1925 war Friedrich Ebert Reichspräsident, ab 1925 wurde Generalfeldmarschall Hindenburg Reichspräsident und am 30.1.1933 ernannte Hindenburg Hitler zum Reichskanzler, der Staatsakt von Potsdam, was ein Fehler in der deutschen Geschichte war, denn nach dem Tod von Hindenburg am 2.8.1934 ernannte sich Hitler selbst zum Führer und Staatsoberhaupt von Deutschland und Deutschland wurde eine Diktatur. Eine Demokratie war unerwünscht, nachdem die meisten Demokraten vernichtet wurden.

Eine weniger radikale sozialdemokratische Partei war die Fortschrittspartei mit den führenden Vertretern Prof. Mommsen, Prof. Virchow und Jurist Schulze-Delitsch. Theodor Mommsen, geb. 30.11.1818, gest. 1.11.1903 in Berlin erhielt ein Jahr vor seinem Tod den Nobelpreis für Literatur. Seine Werke Römische Geschichte und Römisches Staatsrecht gehören zu den bekanntesten Geschichtswerken. 1850 wurde Mommsen als Professor der Rechte an der Universität Leipzig entlassen wegen seiner Tätigkeit in der sozialdemokratischen Bewegung. 1848 ging Mommsen nach Zürich und Breslau und wurde 1858 Professor für Alte Geschichte an der Uni Berlin und blieb auch weiterhin in Berlin von 1873-1884 ein liberaler Abgeordneter und Sozialdemokrat im deutschen Reichstag. Mommsen vertrat als Professor an der Universität die Lehre, dass historische Forschung ohne philologische Bildung nicht möglich ist. Mommsen war Gegner von Radikalismus und Antisemitismus. Der Jurist Schulze-Delitsch, geb. 29.8.1808, gest. 29.4.1883 in Potsdam war Gründer von Wirtschaftsgenossenschaften und Volksbanken, um die Interessen der Arbeiter und Kapitalisten zu vereinen. Prof. Virchow, Arzt und Politiker, geb. 13.10.1821, gest. 5.9.1902 in Berlin prägte als Gegner von Aberglauben und Irrlehren der Kirchen den Begriff liberaler Kulturkampf. Ab 1862 war Virchow Mitglied des deutschen Abgeordnetenhauses. Virchow war auch ein Freund von Schliemann. Diese und andere wahren Demokraten wurden blockiert durch die allzu Reichen, Monarchisten, durch die Nationalsozialisten und Hitler. Dass Hitler und die Nationalsozialisten so leicht an die Macht kamen, hängt mit dem ersten Weltkrieg und dem Versailler Vertrag vom 28.6.1919 zusammen, in dem die schriftliche Anerkennung der Alleinschuld der Deutschen am ersten Weltkrieg gefordert wurde. Die deutsche Delegation für die Unterschrift waren Prof. Schücking, Dr. Melchior, Giesberts, Lansberg, Leinert und Graf von Brockdorff-Rantzau, geb. 28.5.1869, gest. 8.9.1928 in Berlin. Brockdorff-Rantzau war als Reichsaußenminister der führende Vertreter der deutschen Delegation. Nach Unterschrift trat er jedoch in Juni 1919 von seinem

Amt zurück als Gegner der Unterzeichnung des Versailler Vertrages, 1922 bis zu seinem Tod 1928 war er Botschafter in Moskau.

Hanna Reitsch 29.3.1912
Hanna Reitsch landet am 26.4.1945 direkt am Brandenburger Tor, um Hitler einen Flug aus Berlin anzubieten, sie war die einzige,

die Hitler in den letzten Tagen noch retten wollte unter Beschuss der Russen. Hanna Reitsch wurde am 29.März 1912 als Tochter eines Augenarztes in Hirschberg in Schliesien geboren. Ganz in der Nähe ihrer Heimatstadt übten in Grunau Segelflieger und bald ent-

Sturzkampfbomber V1 von Hanna Reitsch im Osten geflogen.

stand dort eine Reichssegelflugschule und eine Segelflugfabrik, wo Hanna Reitsch auch Wernher von Braun kennenlernte, Atombombenwissenschaftler in Peenemünde bis 1945 und ab 1945 Mitarbeiter der NASA, USA, wo er die künstlichen Erdsatelliten und die Raketentechnik entwickelte, gestorben 16.6.1977 in USA. Hanna Reitsch besuchte Wernher von Braun in Huntsville und wurde 1972 in den USA zum Piloten des Jahres ernannt. Hanna Reitsch lernte Segelfliegen und bewies eine außergewöhnliche fliegerische Begabung, so dass sich die Luftwaffe für Hanna Reitsch interessierte. Als hoch dekorierter Jagdflieger und „Pour le Merite" - Träger baute Hermann Göring die Entwicklung der deutschen Luftwaffe von 1893 -1945 auf und war bis 1945 Oberbefehlshaber der Luftwaffe, bei der auch Hanna Reitsch bis zum Kriegsende Einsätze für das deutsche Reich flog. Oberster Kriegsherr des deutschen Reichs war Hitler. Göring wurde 1945 von den Alliierten hingerichtet. Mit 25 Jahren überflog Hanna Reitsch im Segelflugzeug die Alpen und war die erste Frau, die dieses kühne und überaus gefährliche Abenteuer wagte. 1937 flog sie den ersten deutschen Hubschrauber ein. 1944 meldete sie sich zum Selbstopfer- Einsatz der bemannten Gleitbombe. „Ich bin mir bewusst, dass dieser Einsatz mit dem Tod endet", lautete die Erklärung, die Hanna Reitsch zusammen mit 70 weiteren Freiwilligen unterschrieb. Sie wurde der erste weibliche Flugkapitän der Welt, testete Kampfflugzeuge, probierte Sturzflugbremsen aus und sie flog die V1, die fliegende Bombe ein. Sie riskierte auch den Start mit dem Krafteiei, ein Raketenflugzeug Me 163. Mit dem Raketen Flugzeug Me 163, das in eineinhalb Minuten eine Höhe von 10.000 Metern erreichen kann, erlebte sie einen ihrer schwersten Unfälle. Sie spürte plötzlich, dass das Flugzeug durchsackte und auf kein Steuer mehr reagierte. Sie krümmte sich so stark als möglich zusammen, dann schlug die Maschine auf dem Boden auf und überschlug sich krachend. Sie fühlte keinen Schmerz, obwohl ihr das Blut über das Gesicht rann, anstelle der Nase ein Loch gähnte und ihr bei jeder Bewegung schlecht wurde und notierte und skizzierte die Ursache und Verlauf des Absturzes. Um die Bergungsmannschaft nicht durch ihren Anblick zu erschrecken band sie ein Taschentuch vor das Gesicht, dann wurde sie ohnmächtig. Sie hatte einen vierfachen Schädelbasisbruch zwei Gesichtsschädelbrüche, eine Gehirnquetschung und eine Nasenzertrümmerung erlitten. Nach einer monatelangen Rekonvaleszenz ehrte man Hanna Reitsch im März 1942 mit dem Eisernen Kreuz 1. Klasse, eine militärische Auszeichnung, die im Allgemeinen für heldenhafte Fronteinsätze verliehen wurde. Seit 1943 merkt auch Deutschland die veränderte Kriegslage. Durch ununterbrochene Bombenangriffe wird Deutschland in eine Trümmerlandschaft verwandelt und trotz der Neuentwicklungen auf dem Gebiet der Ortungstechnik (Radar) nähert sich der Zusammenbruch Deutschlands. Als das Großdeutsche Reich bereits in Trümmern lag flog Hanna Reitsch noch immer Osteinsätze. Im Flugzeug Fieseler Storch brachte Hanna Reitsch den verletzten Ritter von Greim in April 1945 in das von der Roten Armee eingeschlossene Berlin. Hanna Reitsch landete unter ständigem Beschuss der Russen direkt vor dem Brandenburger Tor. Vom 26. bis 28. April 1945 hielt sie sich im Führerbunker in der Reichskanzlei auf und bot sich an, Hitler aus Berlin herauszufliegen. Hitler lehnte ab, auch die Kinder der Goebbelsfamilie wollte sie aus Berlin herausfliegen, aber auch die Goebbelsfamilie lehnte die Rettung der Kinder ab. Am 28. April 1945 traf die Nachricht im Führerbunker ein, dass der Reichsführer Himmler den westlichen Alliierten die bedingungslose Kapitulation sämtlicher gegen sie kämpfenden Truppen angeboten hatte. Hitler verfiel in einen Wutanfall und befahl Ritter von Greim und Hanna Reitsch die Reichskanzlei unverzüglich zu verlassen. Am 29.4.1945 heiratet Hitler Eva Braun in der Reichskanzlei. Am frühen Nachmittag des 30.4.1945 als die Rote Armee nur noch 500 Meter entfernt war von der Reichskanzlei, sterben Adolf Hitler, geb. 20.4.1887 in Braunau/Österreich und Eva Braun, verh. Hitler, geb. 6.2.1912 in München durch Selbsttötung in der Reichskanzlei Berlin. Nach dem Tod von Hitler kam seine Sekretärin Traudl Junge, geb. 16.3.1900 in München, von den Russen in das Gefängnis Berlin-Lichtenberg, das russisches Gefängnis geworden war. Nach mehreren Flügen durch Deutschland, landete Hanna Reitsch am 8. Mai 1945 in Zell am See. Die Fliegerin freute sich auf ein Wiedersehen mit ihrer Familie. Der Vater Dr. Reitsch war nach Einmarsch der Russen in Schlesien nach dem Westen geflohen, wo sie in Leopoldskron Unterkunft fanden. Ihre jüngere Schwester Heidi hatte mit ihren 4 Kindern Selbstmord begangen, wie auch ihre Mutter Emy Reitsch und ihr Vater Dr. Reitsch. Fassungslos über den Tod ihrer Familie wollte sie ebenfalls aus dem Leben scheiden. Hanna Reitsch war bis zum Schluss glühende Anhängerin des Dritten Reiches, war aber auch jederzeit bereit ihr Leben dafür einzusetzen und zu sterben, denn so schreibt sie in ihren Memoiren, die deutschen Flieger haben in tapferster, ehrenhaftester und todesmutigster Weise ihr Leben eingesetzt in der Hoffnung ihr Vaterland retten zu können im Glauben an den Führer, im Stolz auf ihre Luftwaffe und sein Oberhaupt. Es mag eine Führung richtig oder falsch gewesen sein, das zu beurteilen, sei nicht an ihr gewesen. Wenn man aber zu dieser Führung hauptverantwortlich gehörte, muss man bereit sein, mit ihr unterzugehen. Hanna Reitsch verbrachte nach Kriegsende 18 Monate in Internierungslagern, Salzburg, Freising und Oberursel. Das Angebot, zusammen mit Wernher von Braun und seinem Team in amerikanische Dienste zu treten, lehnte sie ab. In Deutschland, wo ihr vieles vorgeworfen wurde, was nicht immer der Wahrheit entsprach, kam es immer wieder zu Schwierigkeiten, so dass sie ihre deutsche Staatsbürgerschaft zugunsten der österreichischen 1974 aufgab. Noch 1979 als 67jährige verteidigte und verbesserte sie den Weltrekord im Zielflug und als beste Raketenflugzeugpilotin der Welt den von ihr gehaltenen Segelflug-Weltrekord im Zielflug mit Rückkehr zum Startort. Am 24. August 1979 ist Hanna Reitsch, die erste Hubschrauber-, Düsenflugzeug- und Raketenflugzeugpilotin der Welt gestorben, die am Tage des Todes von Kapitän Scott am Südpol am 29. März 1912 das Licht der Welt erblickte in Hirschberg am Fuße des Riesengebirges. Zufall oder nicht, dass kann jeder für sich entscheiden, aber eines hatten sie gemeinsam, Scott war Marinekapitän und Hanna Reitsch der erste weibliche Flugkapitän der Welt und beide haben sie ihrem Land unter Einsatz ihres Lebens Ruhm und Ehre bringen wollen. Kurz nach dem Tod von Scott sank Englands Luxusshiff die Titanic am 14.4.1912 bei Neufundland.

Ernst Jünger 29.3.1895
Am 29.3.1895 wurde der deutsche Schriftsteller und Offizier in Heidelberg geboren. Bis Kriegsende 1945 war Jünger beim Militärbefehlshaber General Karl Heinrich von Stülpnagel in Paris im Militärdienst, wo er für die Briefzensur zuständig war. Jünger hat über 50 Bücher geschrieben. Im ersten Weltkrieg wurde Ernst Jünger schwer verwundet und erhielt die höchste deutsche Kriegsauszeichnung Pour le Merit. 1923 schied er aus der Reichswehr aus und studierte Zoologie und Philosophie in Leipzig und Neapel. Ab 1927 lebte er als freier Schriftsteller in Berlin und nahm Verbindungen mit nationalsozialistischen Kreisen auf. Dr. Goebbels versuchte vergeblich Jünger für die nationalsozialistische Politik einzusetzen, aber Jünger lehnte ein Reichstagsmandat der NSDAP ab. Wegen seiner Kontakte zu kommunistischen Kreisen erfolgte 1933 eine Hausdurchsuchung. Jünger verläßt Berlin und wechselt mehrmals seinen Wohnsitz. 1939 zieht Jünger nach Kirchhorst Hannover um, der zweite Weltkrieg bricht aus und Jünger wird in den Stab von General Stülpnagel nach Paris versetzt. In Frankreich und Paris trifft Jünger sich mit bedeutenden Frauen und Künstlern des Französischen Widerstand. Jünger war Gegner des Nationalsozialismus geworden und sein Sohn wurde 1944 wegen Verbreitung von Flugblättern gegen den Nationalsozialismus verhaftet und an die Italienische Front versetzt, wo er gefallen ist. 1942/1943 wird Jünger von General von Stülpnagel in den Kaukasus geschickt, um über den Zustand der Truppen zu berichten. In seinem Buch Strahlungen schreibt er über seine Reise nach Kiew, Lötzen und dem Hitlerhauptquartier Wolfsschanze. Die Wolfsschanze wurde 1940 innerhalb kürzester Zeit aus dem Moor gestampft und sollte der Ausgangspunkt für den Krieg im Osten werden. Zu dem Hochsicherheitstrakt gehörten Bahnhof,

Flughafen, Hotel, Wohnhäuser für den Hitlerstab Göring, Jodl, Bormann, Keitel, Hitler und andere sowie riesige Bunkeranlagen. Über die gesamte Anlage waren grüne Tarnnetze ausgebreitet, um sie vom Wald nicht unterscheiden zu können. In Lötzen besuchte Ernst Jünger auch das größte Kriegsmuseum über den ersten Weltkrieg, das im Auftrag von Hitler von Oberleutnant, Landführer und Prähistoriker H. J. Ponta durch Ausgrabungen erweitert wurde. Auch der Siegesengel des Marktplatzes von Lötzen kam 1939 in das Museum. In diesem Museum wurden viele Fundstücke aus dem ersten Weltkrieg sowie andere Bodenaltertümer Ostpreußens und der Bernsteinküste ausgestellt. Ernst Jünger bezeichnet das Museum als Heroon, da es auch nach dem Krieg eines der größten Museen neben Königsberg bleiben sollte, das aber durch den Ausgang des Krieges total vernichtet worden ist. Ernst Jünger war durch die naturgetreue Darstellung des ersten Weltkrieges peinlich getroffen, da er den ersten Weltkrieg mit vielen Verwundungen überlebt hatte. Wörtlich schreibt Ernst Jünger, das Museum in Lötzen ist eher als Heroon aufzufassen, da in ihm viele Erinnerungsstücke aus den ostpreußischen Kämpfen von 1914 gesammelt sind. Der Aufenthalt war peinlich, das alles ragt noch zu frisch in diese Zeit hinein. Der Körper jenes Krieges ist noch nicht verwest. Dazu die geisterhafte Auferstehung vieler seiner Erscheinungen wie Gespenster auf Friedhöfen. Aber es gab auch Fundstücke im Museum Vaterländische Gedenkhalle Lötzen, die 20.000 Jahre alt waren wie die Lötzener Zeitung 1943 berichtete, hier werden nur die letzten Zeilen des Zeitungsartikels von H.J. Ponta angeführt:

> Es ist die Heimat, die mit tiefen Wurzeln seit Jahrtausenden im Boden fest verankert ist, und die wir jetzt, im Kampf gegen blutlose Ideen und seelenlose Entwurzelung mit allen Kräften – jeder an seinem Platz – verteidigen müssen, damit unseren Kinder nicht die Schönheit und Kraft der Heimat verloren geht.
>
> Hans-Joachim Ponta

Wegen der Bemerkung in seinem Zeitungsartikel wurde H. J. Ponta von der Presse öffentlich als Verbrecher bezeichnet, der Feindsender abhört, um das angebliche lügenstrotzende Propagandamaterial solcher feindlichen Sender unter das deutsche Volk zu verbreiten. Da H. J. Ponta auch in Königsberg tätig war und auch das von den Russen geraubte Bernsteinzimmer genau kannte, hatte er auch Feinde in Königsberg an der UNI Albertina, u.a. Prof. La Baume, Prof. Freiherr von Richthofen, Prinz Friedrich des Fürstenhauses in Bückeburg, Prinz Aschwin Schloß Detmold, Prinz Oskar, Redakteur Immanuel Birnbaum, Zeitung Königsberg und Lötzen, Direktor Dr. Rohde, SS Himmler. H.J.Ponta war der Meinung, dass das russische Bernsteinzimmer an Russland zurückgegeben wird und Amerika besser Königsberg dafür erhalten hätte, was eigentlich auch die Absicht von De Gaulle gewesen ist, der 1943 die Führung der Resistance von Frankreich übernahm. Die 1843-1851 erbaute Festung Boyen, Vaterländische Gedenkhalle und Kriegsmuseum nach dem Kriegsminister Hermann von Boyen ist eine alte Backsteinanlage und wurde 1916 erstmalig vom Reichspräsidenten Generalfeldmarschall Paul von Hindenburg als Hindenburghauptquartier Ostpreußen genutzt. Bereits 1852 war die erste Darnpfschiffsverbindung zwischen Angerburg und Lötzen eingerichtet. Zwischen den Weltkriegen entwickelte sich das Gebiet Lötzen und Angerburg zu einem der größten Eissegel- und Wassersportzentrum. Wenn man von Angerburg Richtung Lötzen geht, findet man in herrlicher Lage einen alten Soldatenfriedhof aus dem ersten Weltkrieg und auf dem Hügel am See, nicht weit von der Feste Boyen steht ein hohes Kruzifix zur Erinnerung an den Missionar Bruno von Querfurt, der am 9. März 1009 den Märtyrertod erlitt. Auf seiner Rückreise von Kiew am 10. Januar 1943 macht Jünger erneut Halt in Lötzen und erfährt die traurige Nachricht, dass gerade sein Vater gestorben sei. Er plant schnellstens nach Kirchhorst zu fahren, um an der Beerdigung seines Vaters teilzunehmen. Neue Werke erscheinen von Jünger. Während früher Ernst Jünger als heldisch kämpfender Einzelgänger im ersten Weltkrieg seine Werke im Angesicht von Kampf und Tod schrieb, erscheint 1944 das Werk Der Friede, das ihn als Gegner des Regimes ausweist. Einige seiner Werke sind Blätter und Steine 1934, Auf den Marmorklippen 1939, Atlantische Fahrt 1939, Der gordische Knoten 1953, An der Zeitmauer 1955 und viele andere bekannte Werke. Mit 103 Jahren stirbt Ernst Jünger am 17. Februar 1998 in Riedlingen.

3000 Frauen aus dem KZ Stutthof zu Fuß nach Jantarny im Januar 1945

Der Zivile Oberfunker H.J. Ponta, Freidenker und intellektueller Widerstand und Abwehr, Prähistoriker, Philologe, u.a. tätig von 1942-1944 in Lötzen am Museum Feste Boyen, geb. 9.11.1911 in Fürstenwalde, wurde am 25.4.1945 als Racheakt wegen Abhören von Feindsendern von der SS Himmler Polizei in Fürstenwalde ermordet in der Anwesenheit seiner Familie, da am 25.4.1945 die Truppen der 1. Belorussischen Front mit denen der 1. Ukrainischen Front in Ketzin bei Berlin den Militärischen Ring um Berlin geschlossen haben und der 2. Weltkrieg fast beendet war. Auch der zivile Funker H. Voss wurde drei Tage vorher am 22.4.1945 wegen Abhören von Feindsendern im Gerichtsgebäude von Stralsund aufgehängt, da am 22.4.1945 die 1. Belorussische Front Fürstenwalde erreichte und der Funker Voss Funkkontakt mit dem Funker

H.J. Ponta hatte. Am gleichen Tag als Königsberg am 30.8.1944 von England bombadiert und verbrannt wurde, wurde als Racheakt Karl Heinrich von Stülpsnagel in Berlin als Attentäter hingerichtet. Nach dem Attentat von Oberst Graf von Stauffenberg im Hitlerhauptquartier Wolfsschanze bei Rastenburg am 20.7.1944 setzen intensive Untersuchungen ein. Oberst von Stauffenberg, Ritter Albrecht Mertz von Quirnheim, General F. Olbricht, Oberleutnant Werner von Haeften wurden direkt nach dem Attentat am 20.7.1944 im Bendlerblock in Berlin erschossen. General Beck und Oberst Henning von Tresckow töteten sich selbst direkt nach dem Attentat. Weitere Attentäter wurden am 8.8.1944 in Berlin Plötzensee hingerichtet, wo bereits über 2000 Widerstandskämpfer und verfolgte Sozialdemokraten ermordet wurden. Admiral Wilhelm Canaris und General Hans Oster wurden am 9.4.1945 als Racheakt im Konzentrationslager Flossenbürg hingerichtet am Tag der Besetzung von Königsberg durch die Russen.

Der Philologe und zivile Oberfunker H.J. Ponta erhielt 1941 seine Funker Ausbildung in den Delius Kasernen in Potsdam, die u.a. dem Abwehrchef Wilhelm Canaris unterstellt waren. Philologe Ponta

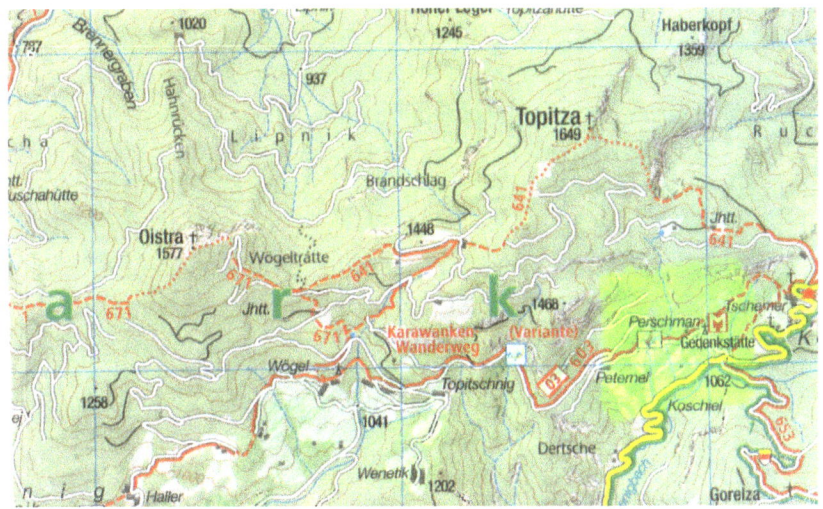

Peršman bzw. Perschman Gedenkstätte

nach seinem Vater Peter Ponta und Großvater Valentin Ponta, Italiener aus Zagliano bei Gemona in Friaul / Italien und seiner Großmutter Clara Aichinger aus Eisenkappel / Österreich, begann 1939 mit seinem zweiten Studium in Berlin an der Humboldt Universität. Als ziviler Oberfunker, intellektueller Widerstand und Abwehr hatte er auch Funkkontakte zu seiner südländischen Heimat. So geschah es am Tag der Ermordung von H.J. Ponta am 25.4.1945, dass auch in Eisenkappel ein schweres Verbrechen begangen wurde. Die SS Himmler Polizei und das Polizeiregiment 13 ermordeten auf dem Peršmanhof in sehr schöner Lage und Natur in den Karawanken am 25.4.1945 vier Erwachsene und sieben Kinder im Alter von 8 Monaten und 9 Jahren. Der Peršmanhof bei Eisenkappel war ein Stützpunkt der österreichischen und slowenischen Partisanen gegen die NS-Herrschaft. 1982 wurde der Peršmanhof in ein Museum des antifaschistischen Widerstandes von Kärnten eingerichtet. Auch in Italien / Friaul kam es ein paar Tage später zu einem weiteren Verbrechen. In Venzone, wenige Kilometer von Gemona, beging die SS ein schweres Verbrechen. Zwischen der SS-Karstwehr und den italienischen Partisanen kam es am 1. Mai 1945 zum Schußwechsel. Aus Rache überfiel die SS-Karstwehr das kleine Dorf Avasinis, alle Dorfbewohner wurden aus den Häusern geholt und erschossen. Die SS-Karstwehr zur Partisanenbekämpfung wurde in Deutschland in Pottenstein bei Erlangen zur Nazizeit ausgebildet. Für Heidi Ponta wurde Erlangen ab 1964 erneut zu einer Holocauststätte durch verschiedene Professoren der Uni Erlangen und einigen Täterfamilien, die noch in Erlangen lebten, u.a. Heß und Wedekind Familien und Prof. Wedekind der Uni Erlangen, der Heidi Ponta am 29.3.1943 in Berlin in einem besonderen Nazihaus in der Kalckreuthstr. 12 geboren hatte und damals Professor an der Uni Berlin gewesen ist. Prof. Wedekind hat Heidi Ponta direkt nach der Geburt in das Frauen- und Jugendgefängnis bzw. in die von Bormann und Himmler ab 1943 eingerichtete Sippenhaft Berlin-Lichtenberg, Hauptstr. 7 gegeben (eine gültige Geburtsurkunde erhielt Heidi Ponta ein Leben lang nicht und erfuhr das meiste erst 70 Jahre später). Gerade das Jahr 1943 war eines der schlimmsten Jahre. In Italien /Friauli wurde für Zivilisten, Partisanen und Italienische Juden 1943 ein Konzentrationslager Risiera di San Sabba in Triest eingerichtet, die zum Abtransport in Sammellagern nach Deutschland oder Polen kamen oder bereits in Triest grausam ermordet wurden. Sogar der Polizeipräsident Giovanni Palatucci von Triest wurde von der SS nach Deutschland in das Konzentrationslager Dachau verschleppt und dort ermordet, weil er den Gefangenen im Konzentrationslager helfen wollte. Wenn man die wahren Geschichten der Bibel begreift, so kann man erkennen warum Juden und Italiener verfolgt und mißhandelt wurden, denn beide Völker sind in die Religionsgeschichte mit Jesus verwickelt. Der römische Staathalter Pontius Pilatus in Israel wollte Jesus am Passahfest aus der Gefangenschaft freilassen und dem jüdischen Volk die Wahl lassen, wen sie von den beiden Gefangenen, die Pontius Pilatus ihnen zur Wahl stellte, wählen möchten. Das jüdische Volk wählte den Gefangenen und Mörder Barrabas und Pontius Pilatus mußte Jesus hinrichten lassen. Pontius Pilatus hatte gehofft, dass das jüdische Volk den unschuldigen Jesus wählen würden. Einige Jahre später 39 n.Chr. hat sich Pontius Pilatus wegen nicht gerechtfertigte Anschuldigungen selbst getötet. Erst der römische Kaiser Konstantin der Große (306-337 n. Chr.) hat schließlich das Christentum zur Staatsreligion gemacht und das Weihnachtsfest mit dem Tannenbaum am 24.12. für Jesus eingeführt. Juden und Italiener wurden lange Zeit als minderwertig behandelt, aber gerade das Römerreich war das fortschrittlichste Volk mit einer weitgehenden demokratischen Gesetzgebung, die von allen europäischen Staaten übernommen wurde. Philologe H.J. Ponta und Heidi Ponta wurden jedoch ein Leben lang wegen ihrer italienischen Abstammung mißhandelt und als minderwertige Rasse bezeichnet, die keine Rechte in Deutschland hätten. H.J. Ponta und die Tochter Heidi Ponta waren zudem Freidenker und Kirchengegner und glaubten nicht an Gott und Götterkult aufgrund der wissenschaftlichen Erkenntnisse und der antiken Atomistiklehren. Echte Freidenker sind Naturmenschen, Naturwissenschaftler, Physiker, Chemiker, Biologen, Mathematiker, Astronomen, Umweltschützer wie z.B. Demokrit, Kopernikus, Bruno, Galilei, Jungius, Voltaire, Virchow, Schliemann. Ein weiteres Beispiel ist der Chemiker Alfred Nobel, geb. in Stockholm am 21.10.1833, der als seine neue Heimat San Remo in Italien bezeichnete, wo er sein Forschungslabor und seine Sprengstofffabrik hatte. Nobel der das Dynamit entwickelte, nachdem der Sizilianer Sobrero das Nitroglycerin entdeckte und Nobel es weiter erforschte, wurde durch seine Sprengstofffabriken einer der reichsten Unternehmer der Neuzeit. Trotz seines Reichtums blieb er ohne Familie, ohne große Freundschaften und Festivitäten Entgegen seiner großzügigen Reformen für alle Mitarbeiter in seinen Sprengstofffabriken und seiner großzügigen Hilfsbereitschaft bezeichnete sich Nobel als Atheist, Kirchen- und Gottesgegner, achtete aber das Christentum und die Kirche, die für die Masse der Menschheit durchaus eine sozialpolitische aufklärende Aufgabe hätte. Nobel starb als einer der reichsten Unternehmer einsam und allein in seinem Forschungslabor in San Remo am 10.12.1896.

Pawlowitsch Lawrenti Berija 29.3.1899
Der russische Politiker wurde am 29.3.1899 geboren und nach Stalins Tod am 5.3.1953 erster stellvertretender Ministerpräsident, Innen- und Staatssicherheitsminister von Russland. Wegen parteiinterner Machtkämpfe wurde Berija am 23.12.1953 aufgrund von Beschuldigungen des Verrats hingerichtet. Die genauen Umstände sind bisher ungeklärt.

Terence Hill 29.3.1940
Am 29. März 1940 wird in Italien der Schauspieler Terence Hill geboren. Seine bekannten Filme waren u. a. "Mein Name ist Nobody" und "Vier Fäuste für ein Hallelujah".

Ilse Konrads 29.3.1944
Die in Lettland am 29.3.1944 geborene und nach Australien ausgewanderte Schwimmerin Ilse Konrads stellte in den Jahren 1958 bis 1960 17 Weltrekorde auf allen Kraul Strecken über 400m auf. 1960 startete sie bei den Olympischen Spielen in Rom und gewann eine Bronzemedaille.

Klaus Bachler 29.3.1951
Der österreichische Schauspieler wurde am 29.3.1951 in Judenburg geboren und war von 1991- 1999 Intendant der Wiener Festspiele der Volksoper Wien und ab 2000 Direktor des Wiener Burgtheaters. Das Burgtheater Wien wurde von der österreichischen Erzherzogin MariaTheresia erbaut.

Alfred Neubauer 29.3.1891
Der Rennleiter der Autofirma Mercedes Daimler-Benz wurde am 29.3.1891 geboren und starb mit 89 Jahren am 21.8.1980 in Aldingen am Neckar. Der Gründer der Daimler Benz Werke war G.W. Daimler, Maschinenbauingenieur. Daimler baute seinen ersten entwickelten Motor in ein hölzernes Zweirad bzw. Fahrrad 1885 ein, aber der eigentliche Zweiradspezialist war Freiherr Drais von Sau-

erbronn, badischer Forstmeister, der besonderes Interesse an Physik und Mechanik hatte. Er war überzeugter Demokrat und hatte seinen Adelstitel abgelegt. Seine erste Fahrt mit einer sogenannte Laufmaschine fand am 12.6.1817 statt. Die Draisine, ein Schienenfahrzeug durch Menschenkraft oder Motorkraft angetrieben, war der Vorläufer des Fahrrads. Wegen seiner Teilnahme als Demokrat am Badischen Aufstand 1848-1849 wurde Freiherr Drais von Sauerbronn vom Staat enteignet und starb 1851 völlig mittellos in Armut und Folter. Nach dem Tod von Sauerbronn entstanden die ersten Fahrradfabriken. 1884 verbesserte und erfand der schottische Erfinder John Dunlop (1840-1921) in seinem Haus in Belfast den Luftreifen für Fahrräder. Auch der englische Erfinder John Kemp Starley, 1854-1901, erfand das Sicherheitsniederrad, auf dem die moderne Fahrradtechnologie noch heute basiert. Das Fahrrad bleibt eine der besten Errungenschaften, das entscheidend zur unabhängigen Mobilität der Menschen erfolgreich entwickelt wurde.

5. Geschichten zum 29 März

Diogenes von Sinope
Der rote Graf
Sonnenwendfeuer
Die Bernsteinnixe
Ich werde Troja finden
Die erste Eisenbahn

Diogenes von Sinope

Der berühmte griechische Philosoph Diogenes von Sinope, der Konventionen verachtete und die Aufhebung der Ehe forderte und als populärer Schüler von Antisthenes eine eigene Sonnentheorie entwickelte, lebte in seiner Bescheidenheit in einer Tonne, um seinen Ideen, dass die Menschen Genügsamkeit und Bedürfnislosigkeit üben sollten, Ausdruck zu verleihen. Er bezeichnete sich als Weltbürger und von ihm stammte der berühmte Satz von der Umwertung der Werte. Da er wegen seiner ungewöhnlichen Behausung bekannt geworden war, pilgerten viele zu ihm und sprachen ihn wegen seiner ungewöhnlichen Behausung an und stellten sich dabei vor seine Tonne, wobei ihn der Schatten traf. Da sprach er zu ihnen: Mein Freund, geh mir aus meiner Sonne, sonst sehe ich sie nicht mehr und schaute dabei empor zur Sonne, die ihm im Leben am wertvollsten geworden war. Für die Menschen früher und besonders für die alten Sterndeuter war das Firmament mit der Sonne eine Himmelsuhr, mit der man anfing Zeiten zu berechnen und zu messen. Den Sonnenaufgang und Sonnenuntergang konnte man früher mittels Felsen und Bäumen messen bis die ersten Sonnenuhren entwickelt wurden. Diogenes lebte um 412 bis 323 v. Chr. und wirkte als Lehrer. Mit seinen Lehren, dass man Genügsamkeit durch Erziehung erreichen kann, hat er schon damals die heutige Problematik der Umweltschäden durch die Menschheit erkannt. Sein Namensvetter Diogenes von Apollonia (499-428 v.Chr.) war Vertreter der ionischen Naturphilosophie, Gegenstand der Forschung war vor allen die Natur. Der größte antike Atomforscher Demokrit (460-371 v.Chr.) und Lehrmeister über die bereits damals hoch entwickelte antike Atomistik an der Schule von Abdera, einer reichen Hafenstadt mit hoch entwickelter Kultur, lehrte schon damals, dass alle Stoffe aus unterschiedlichen Molekülstrukturen bestehen. Eine geniale Erkenntnis und doch wurde den Einwohnern von Abdera große Dummheit nachgesagt, weil sie an die Lehren Demokrit, Leukipp und Protagoras glaubten, drei Lehrmeister, die in Abdera geboren waren. Von Abdera bestehen nur noch Mauer- und Fundamentreste bei dem am Meer gelegenen Dorf Avdira. Die vielen Schriften von Demokrit sind fast alle verloren gegangen, aber ein Zitat von Demokrit war „Der Armut ist in einer Demokratie so viel Vorzug vor dem sogenannten Wohlstand der Herrscher zu geben wie die Freiheit vor der Sklaverei". Demokrit war der erste wahre Demokrat.

Der rote Graf
Der rote Graf baltischer Herkunft Alexander von Stenbock Fermor, der 1919 bis 1933 in Neustrelitz/Mecklenburg lebte und am 3. Oktober 1933 zwangsverwiesen wurde, ist mit seiner Autobiographie einer der literarischen Zeitzeugen für die Ereignisse des Jahres 1945 geworden. Der Schriftsteller Alexander von Stenbock-Fermor stellte sich 1945 der sowjetischen Besatzungsmacht zur Verfügung. Im Jahre 1945 befand er sich auf einem langen Fußmarsch durch Mecklenburg nach Neustrelitz. Da er nicht gerne die Nacht durchwandern wollte, versuchte er eine Übernachtungsmöglichkeit zu finden. Da traf er einen Herrn im langen schwarzen Gewand, den er wegen einer Schlafstelle ansprach. Der Herr bot ihm eine Schlafstelle in der Kirche von Güstrow an. Als sich Stenbock Fermor ihm vorstellte, ergriff er freudig seine Hand „Der litauische Stenbock, herzlich willkommen, ich bin der Superintendent" und erzählte Stenbock, dass die Balten alle in der Kirche von Güstrow untergebracht seien, wo sie Verpflegung der Roten Armee, die große Lebensmittelvorräte erbeutet hatten, erhielten. Stenbock fragte den Superintendenten, ob es nicht Schwierigkeiten gebe bei der revolutionären Einstellung mancher Balten und dachte dabei an seine eigene Vergangenheit und der von Rosa Luxenburg und Karl Liebknecht. Der Superintendent machte eine große Geste und sagte, die Vergangenheit sei vergessen, was dem Wiederaufbau nützlich sei, sei willkommen. In der Kirche ein fast gespenstisches Bild. An langen Tischen saßen alte und uralte Damen und Herren der alten Gesellschaft. Der Superintendent stellte Stenbock vor. Er wurde froh als Landsmann begrüßt. Aus riesigen Schüsseln der Roten Armee

gab es ein ausgezeichnetes Essen. Nach dem Abendbrot eine Predigt des Superintendenten. Stenbock lag lange wach, über ihm ein hohes Gewölbe, der gebrochene Schein der Laternen schimmerte durch das bunte Glasfenster. Die fast menschengroßen Holzfiguren, aus Eichenholz geschnitzte „Güstrower Apostel", schienen in heftiger Haltung erstarrt zu sein. Die Atemzüge der anderen begleiteten Stenbock schließlich in den Schlaf. In Neustrelitz angekommen geriet Stenbock in die Sitzung des sowjetischen Oberst, der einen neuen Bürgermeister für Neustrelitz ernennen wollte. Die beiden bisherigen Bürgermeister können auf anderen Posten nützliche Arbeit leisten, aber als Bürgermeister dieser Stadt seien sie nicht mehr tragbar, sagte der Oberst. Er wolle jetzt einen Mann nennen, zu dem er volles Vertrauen hätte. Stenbock war gespannt, wer der neue Bürgermeister von Neustrelitz wohl werden sollte und nahm in Gedanken jeden möglichen Kandidaten durch. Aber zu seiner Verblüffung zeigte der Oberst auf Stenbock und sagte, ich ernenne den Grafen Stenbock-Fermor hiermit zum Oberbürgermeister von Neustrelitz und Alt-Strelitz. Stenbock war wie vom Donner gerührt, plötzlich war er Oberbürgermeister von Neustrelitz und Alt-Strelitz. Die Landeshauptstadt hatte ursprünglich zwölftausend Einwohner. Nun hatte Stenbock fünfundzwanzigtausend Bürger zu betreuen, viele Flüchtlinge aus den Ostgebieten in erdrückender Not. Zwei Autos und zwei Chauffeure standen ihm Tag und Nacht zur Verfügung. Neustrelitz, die Stadt die Stenbock am 3. Oktober 1933 ausgebürgert hatte, erhielt ihn als Oberbürgermeister 1945 zurück.Und doch ist Graf Stenbock nicht lange in Deutschland geblieben, sondern in seine Heimat zurückgekehrt.

Sonnenwendfeuer 1947
Am Tag der Sommersonnwende, der der Tag von Johannis dem Täufer ist, rüsteten sich die Dorfbewohner für das Fest des Johannisfeuers und schleppten unermüdlich Holz zu der Feuerstelle und schichteten kreuzweise Holz darauf bis ein großer Haufen entstand. Am nächsten Tag, draußen war es herrlich, die Sonne schien, die

ganze Welt lag in friedlichem Sonnenglanz, bereiteten sich die Dorfbewohner auf das bevorstehende Fest vor. Als dann die Zeit des Abendläutens vorbei war und die kürzeste Nacht des Jahres, der 21. Juni, ein Zwielicht zwischen zwei sonnenhellen Tagen, näher rückte, versammelten sich alle auf dem Hügel der Feuerstelle. Auch Maria erschien mit ihrer kleinen Pflegetochter, die ihre Eltern im Krieg verloren hatte. Die Erwachsenen blickten schweigsam, sie erinnerten sich an das letzte Mal, als sie hier das Sonnenwendfeuer entzündet hatten und an die tapferen Männer, die alle nun tot waren, der Krieg der so viele Opfer gefordert hatte. Als dann die Sonne sich anschickte hinter den Bergen im Westen zu versinken, gab Maria ihren Korb, den sie bei sich trug an die kleine Pflegetochter. Sie hatten den Korb mit der Pflanze gefüllt, die Johanniskraut heißt und in dieser Jahreszeit in voller Blüte stand und ein Segen für die Menschheit ist. Sie heißt auch Lichtblume und nach alten Legenden war sie der Schlüssel zu goldenen Schätzen. Die kleine Pflegetochter gab die gelbblühende Blume an die Dorfbewohner weiter und sang dabei: Johanniskraut, Johanniskraut, Dich beneide ich, der Dich besitzt, ich pflücke Dich mit der rechten Hand und mit der linken halte ich Dich an mein Herz und vergesse für kurze Zeit den Schmerz, Du gelbe Blume. die Du mein Engel bist. Die Pflanze galt als magisch, denn Johanniskraut gehört zu den Schutzgeistern. Im Mittelalter benutzte man sie zum Schutz vor bösen Geistern im Haus, Heim und Hof. Die Pflanze enthält einen feuerroten Farbstoff, mit dem man ein rotes Heilöl herstellt, das die Pflanze zu einer Besonderheit unter den Pflanzen macht. Nach der Geschichte aus der Bibel wurde Johannis der Täufer enthauptet und der abgeschlagene Kopf der Königin Herodias überbracht. Auf Wunsch der Königin Herodias, Frau von König Herodes, wurde Johannes der Täufer enthauptet und zur Ansicht auf die Königstafel plaziert. Der Heilige Gedenktag an Johannes dem Täufer, der der Vorgänger von Jesus gewesen sein soll, ist der 24 Juni. Nach dem Tod von Herodes 73.-4. v.Chr. teilte der römische Kaiser Augustus das jüdische Land unter den drei Söhnen des Herodes auf. Auf dem Hügel wurde der Holzhaufen für das Sonnenwendfeuer entzündet. Sobald die Flammen des Holzfeuers aufloderten warfen Maria und ihre Pflegetochter Blumen in das Feuer und auch die anderen Frauen fingen an, ebenfalls die weißen Blüten der Schafgarbe, die gelben des Steinkrautes, die weißen Holunderblüten und die goldenen Farnkräuter durch das Feuer zu werfen, da es ein alter Brauch war, auch den Toten zu gedenken. Dann nahmen sie ein Rad, das aus Stroh geflochten war und steckten es in Brand und rollten es den Hang hinab in den Bach des Dorfes hinein. Dort schlug es krachend auf die Steine im Fluss und blieb zischend liegen während sich die Flammen des Rades im Wasser verloren. Das Johannisfeuer brannte in der Dunkelheit die ganze Nacht hindurch bis in die Frühe der aufgehenden Sonne, die die kürzeste Nacht des Jahres vertrieb.

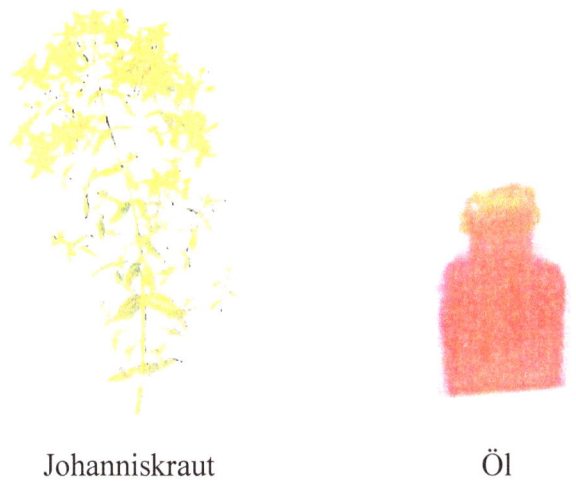

Johanniskraut   Öl

Wenn das Johannisfeuer erloschen ist, war es Brauch, dass unverheiratete Mädchen sich ein Stück verbranntes Holz oder Torf mit nach Hause nahmen, um zu erfahren, welcher Art der zukünftige Mann wohl sein würde. Die Mütter lächelten nur darüber und nahmen das gelassen hin.

Die Bernsteinnixe
Vielleicht kennen Sie die Geschichte von der Bernsteinnixe, die angeblich in der Unterwelt der Müritz lebte, dem schönsten und größten See von Mecklenburg. Mit der Bernsteinnixe hatte es etwas Besonderes auf sich. In der Mitte des Sees an der tiefsten Stelle soll auf dem Grund ein großer Bernstein gelegen haben, wie ihn noch kein menschliches Auge jemals gesehen hat. Um den Bernstein herum hatte sich die Nixe aus Tausenden und Abertausenden kleinen Bernsteinen einen prächtigen Palast in der Unterwelt gebaut. Die Bernsteinnixe achtete darauf, dass der Bernstein von niemanden berührt und gesehen wurde. Näherte sich ein Boot, so ließ die Bernsteinnixe das Boot stundenlang festsitzen, alle Bemühungen das Boot wieder fahrbereit zu bekommen waren vergebens. Wenn die Nixe glaubte, dass der Bootsfahrer begriffen hatte, dss er umzukehren hat, ließ sie das Boot wieder fahren. Deshalb mieden alle Schiffer und Bootsfahrer diese Stelle, denn die Unterwelt birgt manche Gefahren in sich. Es soll aber Bootsfahrer gegeben haben, die Bernsteine funkeln sahen und in der Müritz nach Bernsteinschätzen gesucht haben. Niemand soll lebend davon zurückgekehrt sein. Das legendäre Bernsteinzimmer gehörte ursprünglich dem Preußenkönig Friedrich Wilhelm I, der es Zar Peter I 1755 als Geschenk für Vorpommern nach Russland schickte. Zar Peter I soll über das Bernsteinzimmer so begeistert gewesen sein, dass er an Vorpommern kein Interesse mehr hatte und Vorpommern Friedrich Wilhelm I überlies. Hitler hatte vor, nach dem Krieg das von den Russen geraubte Bernsteinzimmer in Linz Österreich ausstellen zu lassen, wo das größte Museum der Welt entstehen sollte. Bis 1945 war Königsberg das größte deutsche Bernsteinwerk der Welt und Heiligenbeil die größte deutsche Feuerstadt. Ähnlich wie Gold zählte Bernstein zu den Materialen, die schon in früheren Zeiten große Anziehung auf den Menschen ausgeübt haben. Erst 1757 nachdem das Bernsteinzimmer 1755 nach Rußland kam, legte der Gelehrte Professor Lomonossov der Moskauer Universität in seiner Studie Beweise dar, von welchen Bäumen der Bernstein stammt. Unter dem Preu-

ßenkönig Friedrich Wilhelm I entwickelte sich die Bernsteinkunst. Eines seiner besonderen Werke war das Bernsteinzimmer. Das russische Bernsteinzimmer wurde im zweiten Weltkrieg von der NS-Wehrmacht 1941 aus Puschkin geraubt und in das Schloß Königsberg gebracht. Von dort wurde es erneut im Januar 1945 geraubt und auf dem Seeweg nach Amerika gebracht, wo es erst 1980 von dem Eigentümer in Whitesand verbrannt wurde. Die Jahrzehnte lange Behauptung, dass das Bernsteinzimmer verschollen sei, war eine simple Falschmeldung. Königsberg hatte im 2. Weltkrieg schweren Schaden genommen. Am 30.8.1944 wurde von England das Schloß Königsberg und die größte Bibliothek der Welt von 690.000 Bücher der Universität Albertina mit Phosphorbomben bombardiert und verbrannt. Das Datum 30.8.1944 wurde bewußt gewählt wegen der berühmten Rede des Philologen, Oberbibliothekar Professor C.A. Lobeck der Uni Albertina am 30.8.1844 zum 300. Universitätsjubiläum. Der größte Bernsteinfund in Jantarny und das Bernsteinzimmer waren Gegenstand des Potsdamer Abkommens sowie alle Goldschätze der Deutschen, die an die Besatzungsmächte verteilt wurden. Den Schatz von Troja erhielt Rußland. Seit dem deutsch-russischen Vertrag vom 9.11.1990 wurde die Zugehörigkeit von Königsberg zur Sowjetunion endgültig anerkannt. Der 9.11. mag Zufall sein oder nicht, auf jeden Fall ist der 9.11.1970 der Todestag von Frankreichs Staatsoberhaupt Charles De Gaulle und er war ein Gegner des Potsdamer Abkommens, der das Bernsteinzimmer an Rußland zurückgeben wollte. Wegen dieser und anderer nicht erfolgter Maßnahmen hatte De Gaulle am Potsdamer Abkommen von 17.7.-1.8.1945 nicht teilgenommen. Der 9.11.1918 hingegen war für Deutschland der erste Tag einer ersten deutschen Demokratie, die nicht lange dauerte, da 1933 die NS-Herrschaft an die Macht kam und Deutschland eine Diktatur wurde mit dem Diktator Hitler. Viele Demokraten wurden verfolgt und ermordet von den Nationalsozialisten. Auf jeden Fall gibt es seit März 2003 ein neu erstelltes Bernsteinzimmer in Puschkin, das von den Russen in Jantarny hergestellt wurde.

Der Katharinenpalast in Puskin bei St. Petersburg, in dem sich das neu erstellte Bernsteinzimmer befindet, ist noch immer eine einzigartige prachtvolle frühere Residenz der russischen Zaren. In Jantarny an der westlichen Samlandküste hatte man z.B. 1934 bis zu 600t Rohbernstein gefördert. Auch eine Kleinbahn, die Samlandbahn fuhr ab 1894 die Strecke Kaliningrad (Königsberg) - Pionersk (Neukuhren) - Lsesnoe (Warnicken). Warnicken war die Endstation der Samlandbahn mit einer noch immer sehenswerten Naturlandschaft der Wolfsschlucht und der dortigen Steilküste. Zu einer der schönsten Regionen des Kaliningrader Gebiets gehört der nördliche Teil der Rominter Heide mit der höchsten Erhebung an der Bernsteinküste den Gora Dozor (Haselberg) bei Pugačevo. Zu den schönsten Seebädern an der Bernsteinküste gehören Svetlogorsk und Pionersk (Neukuhren). In Neukuhren befand sich früher einer der größten fischverarbeitenden Betriebe von ganz Rußland.

Ich werde Troja finden
Heinrich Schliemann, Kaufmann und Privatarchäologe wurde am 6.Januar 1822 in Neubukow in Mecklenburg-Vorpommern geboren und starb am 26. Dezember 1890 in Neapel. Heinrich Schliemann war der Sohn eines evangelischen Pastors in Ankershagen. Schliemann besuchte die Schule mit seiner Schulfreundin Minna Meincke. Sie lasen oft gemeinsam in der Ilias von Homer und dann sagte Schliemann zu Minna Meincke „Ich werde eines Tages Troja finden". Minna Meincke riet Schliemann immer wieder zur Entdeckung von Troja, aber der Vater von Schliemann hatte wenig Geld für ein Studium und so verdiente Schliemann nach Beendigung des Gymnasiums in Neustrelitz erst einmal in kleinen Anstellungen in Hamburg etwas Geld. Heinrich Schliemann war sehr arm, oft konnte er sich im Winter nicht einmal einen Mantel kaufen. Er wollte Minna Meincke heiraten, aber als er sie später besuchte, war sie bereits verheiratet. Schliemann heiratete später eine Griechin. Am 28. November 1841 verlässt Schliemann als Schiffsjunge Hamburg

und muss seinen Traum von der Entdeckung Trojas erst einmal begraben. Auf der Schiffsreise in Richtung Venezuela ging das Schiff nach zehntägiger Reise bei einem Sturm unter. Schliemann wurde gerettet und kehrte vollkommen verarmt nach Hamburg zurück. In den nächsten Jahren lernte Schliemann ganz für sich alleine u.a. die Sprachen Französisch, Englisch, Italienisch, Spanisch und Holländisch. Heinrich Schliemann war das größte Sprachgenie seiner Zeit. 'Er wohnte in den Jahren armselig und fror den ganzen Winter hindurch. Schliemann konnte sich nach 2 Monaten in alleiniger Beschäftigung mit einer Sprache in Wort und Schrift geläufig ausdrücken und schreiben. Er wurde Fremdsprachenkorrespondent und Kaufmann bei der Firma Schröder in Hamburg. 1844 lernte er Russisch und konnte nach zwei Monaten Geschäftsverhandlungen mit russischen Kaufleuten führen. Zwei Jahre später schickte ihn die Firma Schröder nach Russland als Chef einer Zweigniederlassunq in Petersburg. Im Jahre 1847 machte er sich selbständig und gründete in Petersburg ein eigenes Büro und erwarb ein großes Vermögen als Kaufmann. Weiterhin wurde Schliemann Direktor der Staatsbank St. Petersburg in Russland. 1853 verdient Schliemann am Krim-Krieg, er handelt mit Nahrungsmitteln, Waffen und anderen Gebrauchsgütern. Einige Jahre später verdient Schliemann am amerikanischen Bürgerkrieg 1861 - 1865 wegen der Sklavenhaltung in den Südstaaten der USA, wodurch Schliemann auch an der Sklavenbefreiung mitwirkte. Nach Beendigung des Krim-Krieges 1856 erlernte Schliemann in sechs Wochen das Neugriechische und in weiteren 3 Monaten das Klassische Griechisch. Wenn Plato von mir einen Brief erhielte, müsste er ihn verstehen, sagte Schliemann. Das Glück des einstigen armen Pastorensohns in seinen geschäftlichen Unternehmen begleitet ihn fast unheimlich. Er verdient auch weiterhin an Tee, Kaffee und anderen Nahrungsmitteln und Gebrauchsgütern. Seinen Schiffen kann kein Sturm etwas anhaben. Als ein Großbrand im Hafen von Memel alle Lagerhallen vernichtet, bleiben nur Schliemanns Speicher unversehrt, denn seine Wagen hatte man aus Platzmangel zufällig etwas abseits untergebracht.

Mit 46 Jahren kann Schliemann sich als Millionär von seinen Geschäften zurückziehen und sich ausschließlich seinen Privatinteressen widmen. Er reist nach Griechenland, Tunesien, Indien, China, Japan, schreibt über seine Reisen und bereitet sich systematisch auf seine große Aufgabe vor seinen Traum von der Entdeckung von Troja zu verwirklichen. 1868 fährt er nach Ithaka und durchstreift den Peloponnes. Er besucht die historischen Schauplätze des alten Griechenlands und veröffentlicht zum Jahresende 1869 sein erstes Buch „lthaka". Aufgrund seiner Studien von Jugend an über Homer und dem berühmten Epos Ilias beginnt er 1870 auf eigene Kosten mit den Ausgrabungen von Troja, nachdem Schliemann alle seine Schiffe verbrannt hatte und aus dem ehemaligen Direktor der Staatsbank von St. Petersburg ein Privatgelehrter geworden ist. Und wieder begleitet Schliemann ein unfassbares Glück. Er sucht Troja nicht dort, wo die zeitgenössischen Fachleute Troja vermuten, sondern er nimmt seinen Homer zur Hand und vertraut ihm sozusagen blind. Die Ilias von Homer schildert den Kampf um Troja. Der trojanische Krieg wurde von Paris verursacht. Bei einem Streit um die Schönheit erhielt Aphrodite als die Schönste den Apfel von Paris, dem Sohn des Königs von Priamos von Troja. Als Dank dafür verhalf Aphrodite Paris zur Entführung der schönen Helena, der Frau des Königs von Menelaos von Sparta, wodurch der trojanische Krieg ausbrach.

Bild   Die Ilias goldener Palast des Königs Nestor von Pylos
Baumeister und Künstler Hephaistos

10 Jahre von 1194 bis 1184 v. Chr. bekämpften die griechischen Helden wie u.a. König Agamemnon von Mykene und Oberbefehlshaber des griechischen Heeres, Achill, Sohn des Königs Peleus von Phitia in Thessalien, Nestor König von Pylos, Odysseus König von Ithaka und König Menelaos von Sparta die Stadt Troja. Nach endlosen Kämpfen zogen sich die Griechen scheinbar von Troja zurück. Den Sieg über Troja brachte erst die List von Odysseus. Die Griechen hinterließen ein trojanisches hölzernes Pferd als Opfer für die Götter von Troja, in dem sich griechische Krieger wie Odysseus und andere versteckten. Sie warteten auf einen günstigen Angriffszeitpunkt, nachdem die Trojaner das Pferd in die Stadt Troja geholt hatten. Die griechischen Krieger öffneten das Tor von Troja von innen und ließen das griechische Heer hinein. Die Trojaner wurden überfallen und ihre Stadt Troja zerstört und verbrannt. König Menelaos holte seine Frau Helena nach Sparta zurück und König Agamemnon wurde nach seiner Rückkehr nach Mykene von seiner Frau Klytämestra erschlagen, weil er seine Tochter Iphigenie geopfert haben sollte. Der Aberglaube der Menschen in der Antike war tragisch. Ein Seher Kalchas verlangte, dass der König Argamemnon seine Tochter Iphigenie opfern sollte, damit die Flotte schadlos nach Griechenland heimkehren könne. Anstatt Iphigenie wurde eine Hirschkuh geopfert und Iphigenie auf der Insel Tauris gefangen gehalten. Später floh sie von Tauris nach Griechenland. Alle geographischen Hinweise, die in der Ilias von Homer enthalten sind,

nimmt Schliemann wörtlich und hat großen Erfolg. Er vergleicht Hügel, misst Straßen nach, sucht nach Ruinenresten und Scherben und 2,5 Wegstunden entfernt von der Stelle, wo die anderen Troja vermuteten findet Schliemann die Überreste seiner Traumstadt Troja mit einem der größten Goldschätze der Antike. Seinem Finderglück verdankt man die Goldschätze von Troja, die Schliemann dem deutschen Volk zum ewigen Besitz und ungetrennter Aufbewahrung in der Reichshauptstadt Berlin schenkte, nachdem Schliemann 10.000 Goldfranken als Entschädigung für den Fund und 40.000 Goldfranken an das Museum Istanbul gezahlt hatte. 1881 gelangte der Schatz von Troja in das Berliner Museum für Vor- und Frühgeschichte. Gemäß dem Potsdamer Abkommen 1945 wurde alles Gold unter den Siegermächten verteilt. Nach Russland gelangte der Schatz von Troja als Beutegut, wo er ab 1945 im Museum in Moskau ausgestellt war. Das berühmte russische Bernsteinzimmer, das 1755 von Kaiser Wilhelm I. an Zar Peter I. geschenkt wurde und von der deutschen Wehrmacht im 2. Weltkrieg als Kriegsbeute ins Königsberger Schloss gebracht wurde, galt jedoch über Jahrzehnte als verschollen. Das Bernsteinzimmer gelangte jedoch nach Amerika, wo es 1980 vom Besitzer verbrannt wurde. Es wurde total zerstört und seit März 2003 befindet sich ein neu erstelltes Bernsteinzimmer in Puschkin. Der Bernstein wird seit dem 16. Jahrhundert v. Chr. auf Landwegen in den Süden gehandelt. Schon Aristoteles, Theophrast, Plinius und Homer kannten den Bernstein. Die griechische Legende des Heliokultes berichtet, dass der Sohn Phaeton von Helios sich wünschte, einmal den Sonnenwagen seines Vaters lenken zu dürfen. Phaeton verlor die Gewalt über die einherstürmenden Rosse des Sonnenwagens und geriet aus der Sonnenbahn und ein gewaltiger Brand entstand. Er stürzte in den Fluss Eridanos und seine Schwestern die Sonnentöchter, Heliaden genannt, wurden am Ufer des Eridanos in Pappeln verwandelt und ihre Tränen in versteinerte Bernsteine, die von den Kiefernbäumen stammen. Heute weiß man, dass die Bernsteine das Harz der Kiefern sind, die 50 Millionen Jahre alt sind und vor langer Zeit von der Ostsee überflutet wurden. Große Bernsteinlager befinden sich am Boden der Ostsee. Die Sonnentheologie und der Sonnenkult spielten in der antiken Gesellschaft eine große Rolle. So stellten sich die Menschen der Antike vor, dass der Sonnengott Helios mit seinem Sonnenwaqen bei Tagesanbruch aus den Flüten des Ozeans in den Himmel fuhr und abends wieder zur Erde zurückkehrte und über das Meer zu seinem nächtlichen Lagerplatz fuhr, wo er nachts verweilte, um bei Tagesanbruch wieder zum Himmel zu fahren. Den späteren klassischen Griechen war diese Auffassung der Sonne nicht mehr ausreichend. Sie fingen an, die Sonne zu erforschen. Den Sonnenaufgang und Sonnenuntergang mittels Felsen und Bäumen zu messen und Zeiten zu berechnen bis die ersten Sonnenuhren und Sternwarten gebaut wurden. Heute gibt es keine Götter mehr. Licht und Wärme kommen von der Sonne, die kein Planet, sondern ein heller Stern ist, der unermüdlich Atomkerne verschmilzt. In einer einzigen Minute erreicht uns mehr Energie von der Sonne als auf der Erde innerhalb eines Jahres erzeugt werden kann. Das Licht der Sonne bewegt sich mit einer Geschwindigkeit von 300.000 km/s durch das Planetensystem. Bis zur Erde braucht der Lichtstrahl 8 Minuten. 1871 beginn Schliemann zusammen mit seiner griechischen Frau Sophie die kleinasiatische Hafenstadt Troja unter dem Hügel von Hissarliks mit 100 Arbeitern auszugraben. Zeitlich wurden neun verschiedene Grabungsschichten freigelegt, denn Troja ist eine 3000 bis 300 v. Chr. alte Stadt, die mehrmals vernichtet und wieder aufgebaut wurde. Das goldene Troja und den trojanischen Krieg von dem Homer berichtet, ist die Schicht um das Jahr 1194 v. Chr. Unbeirrt von bürokratischen Hemmnissen und unter dem Hohngelächter der Fachkollegen grub Schliemann unerrnüdlich weiter und im Laufe der Jahre 1870 bis 1890 fand Schliemann nicht weniger als neun versunkene Städte von Troja und den Goldschatz des Königs Priamos von Troja. Troja war in der Antike eine berühmte Hafenstadt. Im Laufe der Jahrhunderte erwiesen viele Eroberer dem Schauplatz Troja große Verehrung, wie u.a. Alexander der Große, Xerxes, Hadrian, Julius Caesar, Konstantin der Große, Julian Apostata und andere. Besonders Alexander der Große war ein begeisterter Verehrer von Homer und seiner Ilias. Stets hatte Alexander der Große (356-13.6.323 v.u.Z.) die Ilias bei sich und schlief sogar mit der Ilias unter seinem Kopfkissen ein. Homer beschreibt Troja als eine goldene Stadt, wohlummauert mit schönen Türmen und einer mächtigen und reichen Hafenstadt unter dem König Priamos. Leider interessieren sich jetzt auch die Behörden für Schliemann, da er Gold gefunden hatte. Es setzt ein widerlicher Kleinkrieg ein. Schliemann steht aber noch immer am Anfang seines riesigen Lebenswerkes. 1876 beginnt er in Mykene (griech. Mikines) zu graben, später arbeitet er auf der Insel Ithaka und in Orchomenos (griech. Orhomenos). Mykene liegt im Peloponnes zwischen der Stadt Nemes und Argos, 4 km von der Hauptstrase erhebt sich der Hügel mit dem höchst bedeutenden Resten der uralten Stadt Mykene, in der die mykenische Kultur blühte. Mykene erlebte zur Zeit der ägyptischen Königin Nofretete-Echnaton seine Hochkultur. Hochwertige Keramik, kunstvolles Mobiliar, Öl, Wein, Künstler, Handwerker und Händler halfen beim Bau von Nofretetes Hauptstadt Achetaton 1400-1200 v. Chr. Der Kopf der Nofretete gelangte 1912. durch den Archäologen Borchardt nach Berlin ins Museum.

Platamon am Olymp

Auch in Mykene fand Schliemann den legendären Goldschatz der fünf Schachtgraber, die um 1600 v. Chr. angelegt wurden. Die Überreste der Toten in den Gräbern waren regelrecht mit Gold überhäuft. Die Toten hatten goldene Masken auf den Gesichtern, goldene Trinkbecher und Diademe, Schmuckschatullen aus Gold, Silber, Elfenbein, Lapislazuli und anderen wertvollen Fundstücken. Ein ungewöhnlicher kostbarer Schatz der antiken Stadt Mykene, deren König in der Ilias von Homer Agamemnon war in der Zeit 1194 v. Chr. Man nimmt an, dass Homer 800 v. Chr. gelebt hat und wahrscheinlich aus Smyrna von der Insel Chios stammte. Homer war der erste Dichter der griechischen und europäischen Literatur. Er war der große Lehrmeister und Vorbild der gesamten Antike bis in die heutige Zeit. Das Menschen Sprechen und Schreiben können, ist noch gar nicht so lange her. Wenn man bedenkt, dass die Erde ca. 4,6 Milliarden Jahre und das Universum 15 bis 20 Milliarden Jahre alt ist, hat der Mensch erst circa 4000 v. Chr. mit ersten Zeichen und Bildern begonnen, um Informationen zu hinterlassen, woraus sich die ersten Bild- und Zeichenschriften entwickelten, wie u.a. die Keilschrift, die erst 2900 v. Chr. entstanden ist, die ägyptische Bildzeichenschrift, die Hieroglyphen, die chinesische Schrift, die aus Strichen und Zeichen besteht und ca. 2000 v. Chr. entstand und sich weiterentwickelte zu ca. 50.000 Schriftzeichen, aber für den täglichen Gebrauch nur 3000 verwendet werden. Die griechische Schrift von Homer war die erste europäische Buchstabenschrift, das Alphabet von Alpha bis Omega, die die meisten Europäer jedoch nicht schreiben und lesen können. Der Römer Livius Andronicus ließ die griechische Schrift ins Römische bzw. Lateinische übersetzen und bis zum Ende der römischen Republik wurde die Ilias von Homer als Schulbuch verwendet. Die Ilias war das erste Schulbuch von Europa bzw. der Welt und das latein. Alphabet wurde die Schrift des antiken Roms, die alle Europäer übernahmen. Homer hatte die griechische Schrift von der semitischen/phönikischen Schrift hergeleitet. Homers Epos Ilias wurde 800 v. Chr. geschrieben, die hebräische Bibel dagegen entstand erst 200 v. Chr. und das Neue Testament erst 100 n. Chr. Auch die Bibel wurde in die lateinische Schrift übersetzt, aber Homer bleibt unser Schöpfer der griechischen und lateinischen Schrift. Der geniale Dichter Homer wurde lange Zeit als unglaubwürdig von Archäologen und anderen abgelehnt. Die Menschen glauben selten denen, die die Wahrheit berichten. Erst Schliemann war der Begründer der Homer Archäologie, wobei er sich als äußerst sorgfällig und verantwortungsvoll bewies. Schliemann laß alle Schriften in alt- und neugriechisch und auch die Texte des griechischen Reiseschriftstellers Pansanius 100 -180 v. Chr. verwendete Schliemann für seine Ausgrabungen. Als Kultstätte der Griechen der Antike fur Künste und Wissenschaft galt der Ort Pierien am Olymp, wo man Musen verehrte, die Künste und Wissenschaften beschützen sollten. Für die Dichtung war es u.a. Kalliope und für die Sternkunde die Urania, die ein Planetoid geworden ist. Die Urania gehört zum Planetoidengürtel, ist im Durchmesser 99,66 km groß und wurde am 22.7.1954 entdeckt. Ihre Symbole sind Weltkugel (Globus), Kompass und der Himmel, denn sie wird die Himmlische genannt, weil die Urania kosmisches Wissen vermittelt, die Genialität eines Menschen fördert, die Begabung für Mathematik und Astronomie ermöglicht. Viele Planeten, Asteroiden, Fixsterne und Sternbilder haben ihren Namen aus der griechischen und römischen Antike erhalten. Unweit von Mykene liegt die Stadt Nemea mit Überresten des antiken Tempels von Zeus Nemeios. Orhomenos war die Hauptstadt der Minyer nordwestlich des einstigen Kopaissees. Orhomenos war berühmt wegen seines Reichtums und war nach der Stadt Theben (griech. Thiva), über die die antiken Tragiker so viel berichten, die größte Stadt Böotiens und wurde im Kampf mit Theben 364 bis 363 v. Chr. zerstört. Schliemann legte Schicht fur Schicht die Stadt Orhomenos frei. Böotien ist die historisch bedeutsame Landschaft Mittelgriechenlands. Am Kopaissee benannt nach der griechischen Stadt Kopai befanden sich die mykenischen Siedlungen von Orhomenos. In den heute trocken gelegten Kopaissee mündete der Fluss Kephisos, der am Berg Parnass, dem besten Skigebiet von Griechenland entsprang. Ithaka die sagenumworbene Insel des Odysseus, ist eine kleine felsige Insel reich an Schönheiten und archäologischen Funden. Die Hauptstadt von Ithaka ist Kathy eine kleine Stadt mit Weingärten und Olivenhainen. Im Museum von Stavros findet man viele Ausgrabungsfunde. In Actos finden wir mehrere Gräber der vormykenischen Zeit und der Burg des Odysseus. Schliemann finanzierte all seine Ausgrabungen mit seinem Privatvermögen, aber bei all seinen Erfolgen war Schliemann großen Anfeindungen ausgesetzt. Das Finderglück von Troja mit den Goldschätzen des Priamos und das Finderglück der kostbaren Goldschätze der fünf Schachtgräber von Mykene wurden mit Neid der Kollegen verfolgt. Trotz seiner genialen Begabungen und seiner archäologischen Erfolge hatte er schwer unter der Missgunst anderer zu leiden. Geniale Outsider wie Schliemann und andere werden immer solchen Anfeindungen ausgesetzt sein. Weihnachten 1890 erliegt Schliemann in Neapel einer Infektionskrankheit, während seine Ausgrabungen in Griechenland noch in vollem Gange sind. Es gibt jedoch ein kleines Museum im Elternhaus von Schliemann in Ankershagen in Mecklenburg (Müritzkreis), das 1998 nach umfangreichen Sanierungen wieder eröffnet wurde. Dort befinden sich einige Originalfundstücke des Troja-Schatzes und der Goldfunde von Mykene. Für immer wird der Name Schliemann mit Troja, Mykene, Orhomenos und der Ilias von Homer verbunden bleiben.

Akropolis, wo sich das Grabmal von Schliemann befindet

Aber auch im Museum für Vor- und Frühgeschichte in Berlin gibt es ein Teil des Goldschatzes des Königs Priamos von Troja, großes Diadem und Ohrgehänge und eine Ausstellung über Schliemann und dem Arzt und Politiker R. Virchow (1821-1902), die befreundet waren. Virchow führte als liberaler Gegner den Kulturkampf gegen die Kirche. Das Museum fur Vor- und Frühgeschichte in Berlin arbeitete bis 1945 mit dem Preußischen Landesamt für Vorgeschichte und dem Museum in Königsberg eng zusammen und einige Fundstücke sind auch von dort übernommen worden. Einer der größten Schiffsunternehmer der Welt war Heinrich Schliemann in der Zeit von 1847-1868, der die ganze Welt umschiffte mit seinen Handelsschiffen. Die erste regelmäßige Schiffsverbindung gab es ab 1838 zwischen England und Amerika. Die Dampfschiffahrt brachte neuen Erfolg. 1847 enstand die erste Dampferlinie der Welt zwischen Bremerhaven-New York. 1910 entstanden die größten Reedereien der Welt Hapag und Lloyd. Durch Vermittlung von Prof. Virchow, Pathologe an der UNI Berlin, Vorsitzender der Anthropologischen Gesellschaft und durch viele Ausgrabungen erfahrener Vorgeschichtler (auch im Zusammenhang mit seinen politischen Freunden und Sozialdemokraten der Fortschrittspartei Prof. Mommsen an der UNI Berlin für Alte Geschichte, Nobelpreisträger für Literatur und Römische Geschichte, Jurist Schulze Delitsch, Gründer von Volksbanken und Wirtschaftsgenossenschaften) wurde Schliemann und seine Frau Sophie Ehrenbürger von Berlin am 7.7.1881.

Die erste Eisenbahn
Am 1.1. 1994 wurde das Bundesbahngesetz aufgehoben und die Allgemeinen Bundesbahngesetze von 27.12. 1993 traten in Kraft. Wer war der erste Erfinder der Eisenbahn? Die Weltstadt der Antike war Alexandria in Ägypten. Alexandria wurde von dem König Alexander dem Großen am Nildelta im Jahr 332/31 v. Chr. gegründet. Die Stadt Alexandria war damals die größte Handels-, Bildungs- und Kulturstätte der antiken Welt. Der erste Entdecker von Arbeitsmaschinen war der griechische Mathematiker Heron von Alexan-

dria zur Zeit des römischen Feldherrn Julius Cäsar 100-44 v. Chr. Heron entwickelte automatische Arbeitsmaschinen und schrieb darüber sein Werk Mechanik. Wer im Altertum zur geistigen Elite gehörte, war am Museum von Alexandria tätig. Dieses berühmte Museum bestand bereits aus 700.000 Papyrus bzw. Buchrollen, in denen das gesamte Wissen des Altertums niedergeschrieben wurde. Das ägyptische Militär unter Führung der Schwester Arsinoe von Kleopatra rebellierte gegen die römische Besatzung in Alexandria und es kam zum alexandrinischen Krieg 48 v. Chr., in dem das alexandrinische Museum verbrannte. Kleopatra hingegen, der es gelungen war mit politischer Berechnung, eine Beziehung mit dem Staatsmann Julius Cäsar zu haben, wurde nach dem Sieg von Julius Cäsar als Königin von Ägypten eingesetzt. Aus dieser Beziehung hatte Kleopatra 47 v. Chr. einen unehelichen Sohn geboren. Später heiratete Sie den römischen Staatsmann Antonius, da ihre Beziehung zu Cäsar ehelos blieb. Diese familiären Verwicklungen führten später erneut zum Krieg. Ägypten, Griechenland und Römerreich hatten zur damaligen Zeit einen hohen Wissensstand, aber die jetzige Eisenbahn wie wir sie kennen wurde in England entwickelt. Im Jahr 1711 baute der englische Schmiedemeister Thomas Newcoman seine erste Dampfmaschine, doch diese Maschine war zu groß und zu schwer, um auf Schienen fahren zu können. 1784 gelang es dem Engländer James Watt kleinere und leichtere Dampfmaschinen zu bauen. 1814 baute der Engländer Richard Trevithick einen Dampfwagen, den er auf Schienen stellte und auf einem kleinen Schienenkreis fahren ließ. Fange mich wer kann hieß diese erste fahrende Eisenbahn, die erste neuzeitliche Eisenbahn der Welt. Die Maschine fuhr bereits 30 km/h, aber die Schienen hielten nicht auf längere Zeit und Strecken, sondern brachen unter der Last der Lokomotive entzwei. Die Erfindung von Trevithick geriet wieder einige Zeit in Vergessenheit wegen der Problematik der Schienen. Am 9.6. 1781 wurde in dem kleinen englischen Dorf Wylam der nächste Erfinder geboren. Sein Vater war Dampfmaschinenheizer in einem Bergwerk. Er war sehr arm und seine sechs Kinder konnten daher nicht die Schule besuchen. Mit acht Jahren wurde der neue Erfinder George Stephenson erst einmal Kuhhirte und später Hilfsheizer und mußte in der Abendschule schreiben und lesen lernen. Am meisten interessierte er sich für Dampflokomotiven. Er fing an, seine eigene Dampflokomotive zu bauen. Am 25.7. 1814 dampfte seine erste Dampflokomotive über die Gleise der Bergwerksbahn. Wenn das Eisen der Kesselwände von schlechter Qualität war und dem Druck des Dampfes nicht stand hielt kam es öfters vor, dass die Lokomotiven explodierten. Der Heizer mußte gut aufpassen, daß das Kohlenfeuer den Kessel mit Wasser stets zum verdampfen brachte, denn mit diesem Dampf wurde die Dampflokomotive in Bewegung gesetzt, und Energie erzeugt, die durch das Kohlenfeuer und aufgeheiztem Wasser als Dampf entstand, die dann auf die Kolben und die Räder der Dampflokomotive wirkte, so dass die Dampflokomotive fahrbereit war. Es wurden jedoch immer bessere Lokomotiven entwickelt bis 1825 die erste öffentliche Bahnstrecke Manchester-Liverpool entstand und die Stephenson Lokomotive zum Einsatz kam. Es entstanden Streitigkeiten wegen der verschiedenen Lokomotiven und welche wohl die beste sei. Im Oktober 1829 wurde daher von der englischen Bahngesellschaft ein Wettbewerb ausgeschrieben, an dem jeder Erfinder von Lokomotiven teilnehmen konnte. Es wurde eine Strecke von 2,4 km bereitgestellt und jede Lokomotive mußte eine Mindestgeschwindigkeit von 16 km/h haben und ohne Panne die Strecke durchfahren. Das Rennen gewann die Lokomotive Rocket von Stephenson, sie erreichte eine Höchstgeschwindigkeit von 46,8 km/h. Zur damaligen Zeit war das ein großer Erfolg, wohingegen heute die Höchstgeschwindigkeit z.B. eines ICE 300 km/h ist. Die schnellsten Züge der Welt haben sogar eine Höchstgeschwindigkeit von 515,3 km/h, wie z.B. die Züge des französischen TGV-Atlantique. Wer allerdings etwas von der Landschaft sehen möchte, durch die die Eisenbahn fährt, ist mit weniger schnellen Zügen besser dran. Für Leute, die es nicht so eilig haben, gibt es auch Züge, die langsamer fahren. Die früheren ICE Züge fuhren mit 50 km/h. Die erste Personen Dampfeisenbahn in Deutschland fand am 7.12.1835 auf der Strecke Nürnberg-Fürth statt. Die erste Ferneisenbahn fuhr am 7.4.1839 von Dresden nach Leipzig. Der Erbauer war der Professor aus Dresden Andreas Schubert und er stand selbst in Frack und Zylinder als Lokomotivführer auf dem Führerstand, der ersten Ferneisenbahn in Deutschland. Ab 1914 setzte sich der Dieselmotor als Verbrennungsmaschine für die Eisenbahn durch. 1840 wird der Maschinenbauingenieur, Werner von (ab 1888) Siemens, geb. am 18.12. 1816, gest. am 6.12. 1892 in Berlin wegen Beteiligung an einem Duell zu 5 Jahren Festungshaft verurteilt. Er versucht seine Festungshaft dazu zu benutzen, sein Interesse an einer Elektromaschine weiter zu entwickeln, doch ein Jahr später wurde er begnadigt. Nach 27 Jahren Forschungsarbeit erfand Werner von Siemens u.a. eine Elektromaschine, die er als Dynamo der Öffentlichkeit, inzwischen zum erfolgreichen Fabrikanten geworden, am 17.1.1867 präsentierte. 1847 hatte Werner von Siemens mit dem Elektrotechniker J.G. Halske, geb. 3.7. 1814 gest. 18.3. 1890 in Berlin eine Telegraphenbau Firma gegründet.

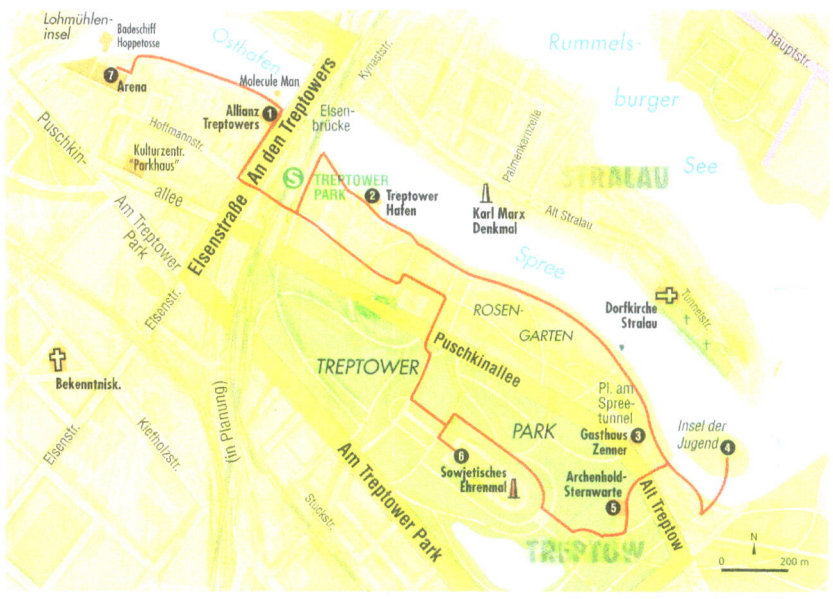

Im Mai 1879 wurde in Berlin-Treptow auf dem Gelände der Gewerbe- und Industrieausstellung vis-a-vis von der großen Gefängnisanlage und dem Kraftwerk Berlin-Lichtenberg von Siemens & Halske die erste Elektroeisenbahn der Welt ausgestellt, die von Siemens entworfen und gebaut wurde. Mit dem Dynamo begann das Zeitalter der Elektromechanik, die das Dampfverfahren mit Kohle und Heizkesseln verdrängte. In Treptow begann das Zeitalter der Eisenbahn. Heute werden die schnellsten Eisenbahnzüge mit Funk zur höchsten Geschwindigkeit angetrieben. Wer hohe Geschwindigkeiten nicht gut verkraftet, fährt lieber mit den konservativen Regionalzügen und kommt damit auch ans Ziel. Auf jeden Fall hat die Eisenbahn die gesamte Welt erobert und fährt rund um den Globus der Erde mit vielen unterschiedlichen Modellen, Geschwindigkeiten und Zielen.

Die 1867 eröffnete Brenner-Eisenbahn ist die kürzeste Verbindung von München nach Italien. Auf der Passhöhe liegt der kleine Brennersee mit dem Grenzbahnhof.

6. Menü 29. März

Der 29. März ist ein besonderer Tag für die, die am 29. März geboren sind, weshalb Sie sich ein gutes Essen und einen edlen Tropfen nicht entgehen lassen sollten. Sie kennen Ihr Leibgericht am besten, aber vielleicht probieren Sie auch gern einmal etwas anderes aus:

Ligurische Fischsuppe
1 große feingehackte Zwiebel in 5 EL Olivenöl andünsten, 4 Knoblauchzehen dazugeben, ferner 2 gehäutete und grob zerdrückte Tomaten, 1 Bund gehackte Petersilie, 1 Lorbeerblatt und 1 kleine Paprikaschote 5 Minuten leicht schmoren lassen. In der Zwischenzeit circa 750 g verschiedenen Fisch (Schellfisch, Aal, Heilbutt etc.), nach Belieben in Stücke schneiden. Den Fond im Topf mit Salz, Majoran und etwas Safran würzen, die Fischstückchen vorsichtig hineinlegen und alles mit soviel heißem Wasser aufgießen, dass der Inhalt gerade bedeckt ist. Kurz aufkochen lassen, dann gute zehn Minuten ziehen lassen. Dazu kann man Brot oder Toast reichen.

Himmel und Erde
Weil die Äpfel ein Geschenk des Himmels sind und die Kartoffel eine Gabe des Erdbodens und man sprichwörtlich sagt: „pomme de l'air et pomme de terre" wird dieses Gericht Himmel und Erde genannt: 1 kg Kartoffeln, 1 kg Äpfel, Wasser, Salz und Zucker, 200 g magerer Speck, Öl oder Fett. 500 g Zwiebeln, Milch. Kartoffeln und Äpfel waschen und schälen, in Stücke schneiden, mit Wasser getrennt zum Kochen bringen und gar werden lassen, mit Salz und Zucker abschmecken. Zwiebeln in Stücke oder Ringe schneiden, Speckstücke hinzufügen und in einer Pfanne hellbraun anbraten. Inzwischen die gegarten Kartoffeln mit etwas Milch zu Kartoffelbrei purieren und die Äpfel mit den Zwiebeln vermengen und zusammen anrichten. Dazu kann man Kasseler oder Schnitzel reichen.

Gletscherkühle Obstbecher
Bananen, Ananas, Pfirsiche, Kirschen, Erdbeeren, Orangen, Blaubeeren, Äpfel, Melonen; Walnüsse, Zucker. Obst und Nüsse zerkleinern, etwas Zucker dazugeben, Eiscreme in die Gläser füllen, Früchte auf das Eis geben, etwas Orangensaft hinzufügen und mit Sahne garnieren.

Mohncreme
2 Eßlöffel Korinthen, 2 Eßlöffel Rum, 60 g Vollkorn-Grieß, 150g frisch gemahlener Mohn, ¼ l Wasser, 50 g Honig, 1/2 Teelöffel Zimt, 150 g Sahne. Die Korinthen mit dem Rum übergießen und zugedeckt ziehen lassen. Den Vollkorn-Grieß und den Mohn in einem Kochtopf mit dem Wasser verquirlen. Unter ständigem Rühren zu einem dicken Brei kochen. Den Topf zum Abkühlen in kaltes Wasser stellen und die Korinthen und die Gewürze einmischen. Die Sahne steif schlagen und unterheben. Die Mohncreme in eine Glasschale füllen, mit dem Rest der geschlagenen Sahne verzieren und kaltstellen.

Blume des Tages
Alle Frühlingsblumen wie Tulpen, Narzissen, Blausterne, Hyazinthen, aber die am 29. März geborenen Fische sind große Blumen und Naturliebhaber und werden an jeder anderen Blume ihre Freude haben. Die Narzissen gehören zu den Blumen, die eine besondere Bedeutung haben. Sie gelten als Symbol des neuen Lebens. Das Grün und das leuchtende Gelb der Narzissen ist die Farbe des Frühlings und künden neues Leben an und zeigen mit ihrer Unbeugsamkeit trotz Kälte und niedrigen Temperaturen zu blühen an, dass das Leben weiter geht. Fische dieses Tages benötigen für ihr Wohlbefinden am besten ein Haus mit einem großen Garten voller Blumen, Obstbäumen und einer großzügig angelegten Grünanlage.

Baum des Tages
Der Haselnussbaum mit seinen Blüten- und Früchten, den Haselnüssen. Der Haselnussbaum gehört zu den Birkenbäumen und ist der einzige Nussbaum, dessen Ursprung Europa ist. Die Griechen und Römer haben ihn hoch geschätzt. Hasselnüsse haben sich in unseren Küchen als Nahrungsmittel einen festen Platz erobert, sie haben einen hohen Nährwert, Vitamine, Mineralien und sind ein hochwertiges Fett und Öl. Aber auch dem Haselnussholz wird eine besondere Kraft nachgesagt. Wer unterwegs von einem Unwetter überrascht wird, kann sich nach einem alten Volksglauben mit Haselnusszweigen vor Blitzen schützen, weshalb das Hasselnussholz auch vorwiegend für Wünschelruten verwendet wird, um Wasseradern und Erzvorkommen im Erdboden aufzuspüren. Früher wurde diese Art des Wassersuchens oft verwendet. Heute kennt man sie kaum noch, zumal wissenschaftlich Zweifel an der Theorie bestehen. Aber eines ist gewiss, dass Hasselnüsse ein angenehmes Nahrungsmittel als Schoko-Nüsse, Nusstaler oder Haselnussplätzchen sind.

Edelstein des Tages
Quarze in allen Farben, grauer Feuerstein, Gold, Schmucksteine aus dem Meer, Bernstein, Perlmut, Koralle.

Schutzpatron des Tages 29.3.
Der heilige Berthold von Kalabrien, Eremit und Ordensgründer in Italien

Selbst wenn die Sonne stirbt

und mit ihr die Planeten,

wichtig ist die Seele,

die als Rest ins Universum entflieht

und irgendwann ein neuer Stern entsteht

Ekliptik (1 Jahr)

Da die Sterne und die Sonne wandern, erscheinen in der Ekliptik immer wieder neue Sternzeichen, einige Sternzeichen verschwinden und neue kommen hinzu, daher ist es besser immer von 12 Monats-Sternzeichen auszugehen, damit die Zeitenberechnungen nicht zerstört werden. In der Ekliptik können in 1 Monat mehrere Sternzeichen sich für einige Zeit befinden. Zur Zeit ist das 1. Sternzeichen der Fisch geworden, der den gegenwärtigen Frühlingspunkt darstellt, denn wir befinden uns für ca. 2150 Jahre im Fischzeitalter, das nächste Zeitalter in ca. 2150 Jahren soll das Sternzeichen Wassermann werden. Im 9. Monat befinden sich zurzeit 2 Sternzeichen, Schlangenträger und Skorpion. Wer den Himmel genau betrachtet, kann das selber feststellen. Für ein seriöses Horoskop ist immer der Tag und die Minute der Geburt entscheidend, Wer sein Geburtsdaten nicht genau kennt, kann kein individuelles Horoskop erhalten. Die Namen der Sternzeichen können auch von astronomischen Instituten geändert werden.

Ekliptik (13 Tierkreiszeichen = 12 Monate)

Fische 11.3. - 18.4.
Widder 18.4. - 13.5.
Stier 13.5. - 21.6.
Zwilling 21.6. - 20.7.
Krebs 20.7. - 10.8.
Lowe 10.8. - 16.9.
Jungfrau 16.9. - 30.10.
Waage 30.10. - 25.11.
Skorpion 25.11. - 29.11.
Schlangenträger 29.11. - 17.12.
Schutze 17.12. - 20.1.
Steinbock 20.1. - 16.2.
Wassermann 16.2 - 11.3.

Quellennachweis:

Lötzen, Prähistoriker Ponta, Band 35 der Altertumsgesellschaft Königsberg, Herausgeber Dr. W. Gaerte, Museumsdirektor Königsberg, Gräfe und Unzer Verlag Königsberg bis 1945

Film Gold, 2006 Das große Filmlexikon Area Verlag GmbH München

Fische (lat. Pisces)
Die Sonne wandert am 11. März in das Sternbild Fische, das in den Monaten Oktober bis Dezember am Abendhimmel zu sehen ist. Die meisten Sterne der Figur sind jedoch so lichtschwach, dass man die Fische am Himmel kaum wiederfindet Am ehesten erkennt man noch den westlichen Fisch als elliptischen Sternring unterhalb vom Pegasus. Wenn man die drei hellsten Sterne der Figur verbindet ergibt sich ein spitzer Winkel, dessen Scheitel mit dem Hauptstern Al Risha zusammenfällt. Dieser Stern ist etwa 130 Lichtjahre entfernt und erweist sich im Fernrohr als enger Doppelstern. Heute liegt der Frühlingspunkt in diesem Sternbild, in dem die Sonne den Himmelsäquator nach Norden überquert.

KISMOS Verlag - Gesellschaft der Naturfreunde - Stuttgart
Verfasser u.a. Prof. Herrmann
Sonne, Mond und Sterne, Sternwarte Berlin

Potsdamer Abkommen 1945
Staatsverlag der DDR, Berlin 1975
Einbandgestaltung Bild H. Döhmel

Seite 5 Lexikon der Antike von Prof. Johannes Irmscher und 68 Mitarbeitern (Professoren und Dres.), VEB, Bibliographisches Institut, Brockhaus Verlag Leipzig, Ausgabe 1971

Anmerkung Seite 8 Lichtgeschwindigkeit:
Die Lichtgeschwindigkeit ist die höchste Geschwindigkeit. Ein Lichtjahr (LJ) beträgt 9,5 Billion km. Unsere Galaxie von einer Randzone zur anderen beträgt ca. 100.000 km Lichtjahre. Das Licht vom Mond zur Erde beträgt 2,5 Sekunden, das Licht von der Sonne 8 Minuten.

Seite 8 Atommoleküle
1974 veröffentlichte der amerik./engl. Professor der Chemie G.L. Verschuur sein Buch "Die phantastische Welt der Radioastronomie", in dem Prof. Verschuur über seine Entdeckung im Universum schreibt, von der Sonnenwanderung mit dem gesamten Planetensystem auf das Zentrum unserer Galaxie zu in einem Abstand von 27600 Lichtjahre, von endlosen Atommolekülketten im Universum, von der Sternentstehung aus Molekülwolken, vom Tod der Sterne und vieles mehr.

Seite 18 Raketen und Satelliten
Raumfahrtbuch, 100x Raumfahrt Verlag klipp und klar, Bibliographisches Institut, Brockhaus Verlag, Leipzig.

Seite 20 Atombomben
Ein verantwortungsvoller Physiker war der Amerikaner R. Oppenheimer, geb. 22.4.1904 in New York, gest. 18.2.1967 in Princeton. Oppenheimer verlangte die Kontrolle der Atombombenversuche in allen Ländern der Erde. Aufgrund von Verleumdungen wurden ihm kommunistische Umtriebe unterstellt, er wurde angeklagt und seine Karriere war beendet.

Seite 34 Königsberger Universität Albertina mit der größten Bibliothek von 690.000 Büchern. Königsberg war nicht die erste Stadt mit der größten Bibliothek, sondern Alexandria war bereits die größte Weltstadt der Antike. Alexandria die größte Weltstadt der Antike, mit schönen breiten Straßen, wurde 331 v. Chr. von Alexander dem Großen am Nildelta gegründet. Im Königsviertel von Alexandria befanden sich die Königspaläste und die größte Bibliothek der Antike mit 700.000 Schriften und Buchrollen. Alexandria war damals eine der größten Handels-, Bildungs- und Kulturstätte der antiken Welt. Jeder der Rang und Namen hatte war in Alexandria am Museion der größten damaligen Bibliothek tätig. Alexander der Große war nicht nur ein großer Feldherr und Staatsmann, sondern hatte auch besonderes Interesse an Wissenschaften, Bildung und Kultur. Stets hatte er das erste Buch der Welt die Ilias von Homer bei sich, in dem er gern las und sogar mit der Ilias unter seinem Kopfkissen einschlief. Nach dem Tod von König Alexander den Großen, geb. 356 v. Chr. in Pella, gest. am 13.6.323 v. Chr. in Babylon am Euphrat, er war erst 33 Jahre alt, übernahm einer seiner Feldherren namens Ptolemäus die Macht in Ägypten, der ebenfalls weiterhin an Wissenschaften, Technik, Bildung und Kultur Interesse hatte. Er schrieb selber ein Geschichtswerk über Alexander den Großen und erweiterte die Bibliothek in Alexandria. Mehrere Könige und Herrscher folgten bis 48 v. Chr. die größte Bibliothek durch die römische Besatzung unter dem römischen Feldherrn und Staatsmann Julius Cäsar durch den alexandrischen Krieg vernichtet und verbrannt wurde. Nach dem Sieg von Cäsar setzte Cäsar die Königin Kleopatra als Herrscherin über Alexandria und Ägypten ein, die versucht hatte, über eine Beziehung mit Cäsar an die Macht zu kommen. Julius Cäsar, geb. 13.7.100 v. Chr., röm. Staatsmann und Feldherr war in erster Ehe verheiratet mit der Tochter des römischen Staatsmannes und Feldherrn Cinna, ein Gegner des Staatsmannes Sulla. In zweiter Ehe war Cäsar verheiratet mit der Enkelin Pompera des Staatsmannes Sulla. In dritter Ehe war Cäsar verheiratet mit Calpurnia, Tochter des Konsuls von Piso. Nach der Ermordung von Cäsar am 15.3.44 v. Chr. durch die Staatsmänner Brutus, Cassius, Cicero wurde das römische Reich aufgeteilt unter Octavian (der spätere große röm. Imperator Augustus), Antonius (Freund und Protegé von Cäsar) und Lepidus (Heerführer und Anhänger vom Staatsmann Sulla). Der Staatsmann Antonius (82-30 v. Chr.)

verschaffte sich die Privatpapiere mit den vorbereiteten Gesetzen des ermordeten Cäsar und vernichtete die Staatsmänner Brutus, Cassius, Cicero und die republikanische Senatsaristokratie. Antonius bereicherte sich durch Ausbeutung der Sklaven und Bevölkerung und trotz seiner 40 v.Chr. geschlossenen Ehe mit Octavia der Schwester von Octavian, heiratete Antonius nach der Scheidung die ägyptische Königin Kleopatra (69-30 v. Chr.), die sich von 46-44 v. Chr. im Hause von dem Ehepaar Octavia und Antonius aufhielt, nachdem sie 47 v. Chr. einen unehelichen Sohn von Cäsar geboren hatte und in Ägypten 48 v. Chr. als ägyptische Königin eingesetzt worden war. Ob sie mit ihrem Aufenthalt in Rom Cäsar oder Antonius als neuen Gemahl gewinnen wollte, ist nicht geklärt. Auf jeden Fall hat Antonius Kleopatra 37 v. Chr. geheiratet, der durch die Ehe mit Kleopatra sich größere Macht und Reichtum versprach. Diese politischen und familiären Auseinandersetzungen führten zu einem erneuten Krieg, da Octavian die ägyptische Königen Kleopatra als eine Feindin Roms betrachtete. Nach dem Sieg des Octavian über Antonius und Ägypten 31 v. Chr. töteten sich Antonius und Kleopatra selber. 3 Kinder von Antonius und Kleopatra soll Octavia, die geschiedene Ehefrau von Antonius aufgenommen haben. Octavian erhielt den Titel Kaiser Augustus. Die Staatsmänner Brutus und Cassius haben sich nach dem gemeinen Angriff von Antonius 42 v. Chr. selber getötet und der berühmte Politiker, Redner, Jurist und Schriftsteller M. Tullius Cicero, der Antonius wegen seines Verhaltens aufs schärfste angriff, wurde von Antonius am 7.12.43 v. Chr. ermordet. Aber eines haben alle Europäer übernommen, der Monatsname August geht auf den römischen Kaiser Augustus zurück und der Monatsname Juli auf Julius Cäsar.

Seite 35 Scott
Buch Sternstunden der Menschheit von Stefan Zwerg, Bormann und Fischer Verlag, 1943.

Seite 37. Palmnicken

Insgesamt waren im KZ Stutthof mehr als 100.000 Menschen inhaftiert, etwa 65000 verloren dort oder in einem der unzähligen Außenlager ihr Leben. Im Januar 1945 begann die SS mit der Evakuierung von Stutthof. Die meisten Häftlinge mussten zu Fuß Richtung Westen wandern, aber eine Gruppe von mehr als 7000 KZ-Häftlingen wurde nach Palmnicken nordöstlich von Königsberg getrieben, der Großteil der Häftlinge starb auf dem Todesmarsch. Der ursprüngliche Plan, die Überlebenden in Bergstollen der dortigen Bernsteinmine einzumauern, schlug fehl, und so wurden sie in die kalte Ostsee getrieben und erschossen.

Das Verbrechen von Palmnicken
Am Ostseestrand unweit von Sinjabino wurde am 27. Januar 2011 ein Denkmal zur Erinnerung an ein Verbrechen aufgestellt, das die Nazis am Ende des Zweiten Weltkriegs verübten. Das mehrere Meter hohe steinerne Denkmal des aus Danzig stammenden israelischen Bildhauers Frank Meisler symbolisiert den verzweifelten Überlebenskampf von über 3000 jüdischen KZ-Häftlingen, die in der Nacht vom 31. Januar auf den 1. Februar 1945 von SS-Wachleuten am Ostseestrand von Palmnicken ermordet wurden. 3000 Personen befanden sich auf einen Todesmarsch Richtung Ostseeküste. Wer bei der eisigen Kälte nicht Schritt halten konnte, wurde von den Wachmannschaften gnadenlos erschossen. Die meisten der Opfer waren junge jüdische Frauen zwischen 18 und 40 Jahren. Etwas mehr als 3000 - die genaue Zahl ist bis heute nicht bekannt - kamen wohl am 26. Januar verfroren und halb verhungert in Palmnicken an. Eine Verpflegung war nicht vorgesehen, die SS-Trupps wollten die Häftlinge lebendig in einem Bernsteinbergwerk einmauern. Doch unerwartet regte sich Widerstand in der Gemeinde: Paul Feyerabend, Reservemajor aus dem Ersten Weltkrieg und Direktor der Staatsgüter, die zum Bernsteinwerk gehörten, wollten den Mord verhindern. Die Frauen konnten in der Werksschlosserei übernachten, und Feyerabend ließ Essen an die Gefangenen verteilen. Die SS-Trupps fügten sich nur zeitweise.

Feyerabend wurde unter einem falschen Vorwand mit seinen Reservisten an die Front geschickt, um ihn als Störenfried auszuschalten. Die Wachmannschaften hatten nun freie Hand, in der Nacht trieben sie die Gefangenen an den Ostseestrand und jagten sie mit Maschinengewehrsalven ins eisige Meer. Nicht alle Frauen starben sofort. Viele wurden in der Nacht nur angeschossen und quälten sich noch tagelang, andere ertranken zwischen den Eisschollen oder erfroren. Nur 21 Menschen überlebten das Massaker von Palmnicken. Zwei Wochen später war die Rote Armee da. Die noch nicht geflohenen deutschen Einwohner Palmnickens mussten die Leichen von Hand in ein Massengrab umbetten. Doch als die Deutschen 1948 aus der Gegend vertrieben wurden, geriet auch die Geschichte der jüdischen Frauen in Vergessenheit. Als Bernsteingeologen in den 1960er Jahren am Strand auf Gebeine stießen, nahmen sie an, es handle sich um sowjetische Soldaten. Es wurde ein Gedenkstein "Ewiger Ruhm den Helden" aufgestellt und vier Birken gepflanzt. Erst in den 1990er Jahren wurde das lange vergessene Massaker wieder aufgerollt: Martin Bergau, ein zur Tatzeit 16-jähriger Augenzeuge, verarbeitete die Erlebnisse in seinem Buch "Der Junge von der Bernsteinkuste". Bei einem Besuch seiner alten Heimat klärte er auch die Behörden über das Massengrab auf. Es dauerte noch einmal über zehn Jahre bis das Denkmal seinen Platz fand und seitdem an die Opfer des Nazi-Regimes erinnert. Am 3.5.1945 befinden sich 7600 Häftlinge aus Konzentrationslagern auf dem Schiff Cap Arkona und anderen Häftlingsschiffen in der Ostsee. Die Häftlinge bestanden aus 27 Nationen. Am 3.5.1945 wurden alle Schiffe von britischen Bombern zerstört, die meisten Häftlinge fanden den Tod in der Ostsee. Für diese Toten befindet sich eine Gedenkstätte in Klütz an der Ostsee.

Anmerkung Seite 46 Obersalzberg
Obersalzberg bei Berchtesgaden am Königssee am Watzmann wurde für den Diktator Hitler als zweiter Regierungssitz, eine Reichskazlei mitten in den Ostalpen mit Bahnhof, Flugzeug, Hotels, Ge-

birgsjägerkasernen. Der Berghof am Berg Hoher Göll (2522 m) direkt an der deutsch/österreichischen Grenze wurde das eigentliche Domizil des Diktators Hitler, mit dem er sich eng verbunden fühlte und wo er seine Pläne gegen Liberalismus, Marxismus, Judentum und letztendlich gegen eine Demokratie (Abschaffung der Weimarer Verfassung am 28.2.1933 und Ermordung der Sozialdemokraten des deutschen Reichstags) erarbeitet hatte. 1936 fanden in Garmisch-Partenkirchen die 11. Olympiade der Winterspiele statt. Garmisch-Partenkirchen ist eines der Zugspitzdörfer am höchsten Gipfel von Deutschland der Zugspitze (2964 m). Auch die deutsche Autobahn wurde auf dem Obersalzberg weiter erarbeitet. Die erste europäische Autobahn entstand von Köln-Bonn. Am 7.4.1938 tat Hitler den ersten Spatenstich für die neue deutsche Autobahn der Zukunft am Walserberg und sein Architekt Speer erschuf riesige Pfeiler mit dem Reichsadler und Hakenkreuzen an der Autobahn, die als Rast-, Gedenk-, und Altarstätte dienen sollten auch im Glauben an das Tausendjährige Reich.

Anmerkung zur Bezeichnung gottgläubig zur Nazizeit, nur für die Parteispitze, bedeutete Austritt aus der Kirche, keine Taufe, keine Religion. Familie Dr. Goebbels Austritt aus der Kirche 1931, alle Kinder nicht getauft, keine Religion. Adjudant Kubisch von Dr. Goebbels Austritt aus der Kirche 1937, keine Kinder. Austritt Martin Bormann Familie aus der Kirche 1933, alle Kinder nicht getauft, ohne Kirche und Religion. Hitler und Eva Braun gehörten möglicherweise auch nicht mehr zur Kirche, denn sie haben ohne Kirche geheiratet kurz vor ihrem Tod am 30.4.1945.

SS Himmler und Göring gehörten dagegen wohl noch zur Kirche. Am 2. Juni 1938 kam die Tochter Edda Göring zur Welt. Auf jeden Fall war der Reichsmarschall im Alter von 45 Jahren zum ersten Mal Vater geworden. Aus aller Welt trafen an die 628.000 Glückwunschtelegramme ein. Der Führer und Reichskanzler Adolf Hitler übernahm die Patenschaft und teilte sie mit der Luftwaffe, die in

corpore dem Kind Schutz angedeihen lassen wollte. Im Rahmen eines großen Festaktes in Carinhall erhielt Edda am 4. November 1938 - zum Ärgernis der Parteispitze - eine christliche Taufe.
Der beliebteste Offizier und Protegé von Himmler und Hitler war Hermann Fegelein, Ehemann von Gretl Braun, der Schwester von Eva Braun. Fegelein war mit dem Auftrag betraut worden, die Schuldigen des Attentats in der Wolfschanze von 20.7.1944 zu suchen, und die Schuldigen waren schnell gefunden. Bis zum 28.4.1945 hielt sich Fegelein in Berlin und der Reichskanzlei auf. Am 28.4.1945 hatte Himmler den USA und England die bedingungslose Kapitulation des Deutschen Reiches angeboten. Hitler war verärgert darüber und ließ Fegelein durch ein SS-Kommando in Berlin suchen, sie fanden ihn in seiner Berliner Privatwohnung, er wurde in die Reichskanzlei gebracht und wegen angeblich geplanter Fahnenflucht in der Grünanlage erschossen am 28.4.1945.
H.J. Ponta, SA-Landführer ab 1936, Austritt aus der Kirche 1939, Protegé von Hitler, weil er als Jugendlicher ca. 1929 kurz vor seinem Abitur von Kirchen- und Adelsanhängern vom Gymnasium in Fürstenwalde verwiesen wurde wegen einer Bemerkung zu seinem Geburtsdatum 9.11.1911. Sechs Jahre mußte er in Aushilfstätigkeiten als Chauffeur und anderen Tätigkeiten sein Geld verdienen. 1937 lernte er persönlich Hitler kennen wegen seiner SA-Sportmedaille in Bronze Reichs - Kennnummer 0010 22099, er durfte sofort studieren ab März 1937 und mußte innerhalb einer Woche sein Abitur als Externer nachholen. 1941 erhielt er die Ausbildung in den Delius Kasernen Potsdam als ziviler Oberfunker, wurde Abwehr und intellektueller Widerstand und wurde danach an die Bernsteinküste versetzt wo er seine Doktorarbeit schrieb über Bernstein und Professor an der Uni Albertina in Königsberg werden sollte. Ab 1943 kamen Anita Ponta und Heidi Ponta wegen der nazifeindlichen Tätigkeit des Vaters H.J. Ponta als Oberfunker, wegen des nicht arischen Namen Ponta und wegen Freidenkertum auf Anordnung von Himmler in das SS Himmler Frauen- und Jugendgefängnis in Berlin Lichtenberg, Hauptstr. 7, Nr. 8 war bereits eines der übelsten

SS/Himmler Männergefängnisse seit 1938, ein Art von Sammellager für Obdachlose etc., von denen bereits 1938 über 10.000 Opfer ins KZ kamen und getötet wurden. Sippenhaft bedeutete u.a. dass arische Frauen eine Umerziehung zum Nationalsozialismus erhielten und ihre nicht arischen Kinder vernichtet werden sollten. 1945 wurden die Gefängnisse, besonders Berlin Lichtenberg, Hauptstr. 7 bombardiert und total zerstört. H.J. Ponta zog vorübergehend mit seiner Familie von Berlin nach Fürstenwalde, in eine Waldhütte, wo er am 25.4.1945 von der SS Himmler Polizei im Wald in der Anwesenheit seiner Familie in den Rücken geschossen und ermordet wurde. Die Tochter Heidi Ponta wurde zwar am 29.3.1943 als Freidenker in Berlin geboren, ohne Taufe, ohne Kirche, ohne Gott und Sonne. Da Heidi Ponta ein Lebenlang vom deutschen Staat Berlin vorsätzlich keine gültige Geburtsurkunde erhielt ist sie ohne Wissen, daß sie bereits als Freidenker geboren wurde, noch einmal aus der Kirche ausgetreten wegen der Misshandlungen, Verleumdungen ein lebenlang an ihr, wegen irrationalen, irreligiösen Irrglauben und ist aus eigener Überzeugung Freidenker geworden.

Seite 47 Horoskop Berlin, Kalckreuthstr. 12,
Die Kalckreuthstraße hat ihren Namen nach den deutschen Malern und Grafen Stanislaus und Leopold von Kalckreuth. Das Haus war vor der Nazizeit eine Tagesstätte für Waisenkinder, deren Väter im ersten Weltkrieg 1914 gefallen sind. In der Tagesstätte sollten die Kinder und Jugendlichen eine Ersatzbetreuung erhalten zur Kaiser Wilhelm Zeit. Der Vorstand dieser Tagestätte waren u.a. Gräfin von Münchhausen, Exzellenz von Courady, Freifrau und Freiherr von Stenglin, Prinzessin Antoinette von Isenburg, Professor Raffael Schuster - Moldan, Frau Hofrat Becker, Frau von Siemens, geb. von Helmholtz aus Königsberg.

Seite 65 Mond
Die ersten, die nach dem Raketen-Mond-Programm von Hitler in der Heeresversuchsanstalt Peenemünde erfolgreich Mondlandungen mit unbemannten Raketen durchführten war Rußland mit

dem Luna Programm. Die erste unbemannte Landung fand am 12.9.1959 statt und weitere Landungen fanden in den darauffolgenden Jahren statt. Der erste Mensch, der die Erde 1961 in einem Raumfahrzeug in 89 Minuten umrundete war der russische Kosmonaut Juri Gagarin. Der erste Amerikaner, der die Erde ein Jahr später nach Gagarin umrundete war John Glenn mit drei Umläufen um die Erde und einer Flugdauer in einem Raumtransporter des amerik. Mercury Programms von 4 Std. und 55 Min. Die ersten drei Astronauten, die auf dem Mond mit einem Raumfahrzeug des Apollo-11 Programmes am 16.7.1969 landeten waren die Amerikaner Armstrong, Collins und Aldrin. Die erste Frau im Weltraum, die die Erde im Raumfahrzeug umrundete in 48 Erdumkreisungen vom 16.-19.6.1963 war die Russin Valentina Tereschkowa mit dem Programm Wostok 6. Diese und andere Astronauten sind mit erheblichen gesundheitlichen Störungen zurückgekehrt, weshalb eine Raumfahrt ohne schwierige Probleme noch gar nicht möglich ist.

Seite 68 Ernst Jünger
Buch Strahlungen, Taschenbuch Verlag München, Ausgabe 2013, Seite 418 Ernst Jünger besucht das Kriegsmuseum am 13.11.1942, in dem der Landführer, Prähistoriker, ziviler Oberfunker und Oberleutnant Ponta eine größere Ausstellung vorbereitete.

Lötzener Zeitung 16. Juli 1943
Heroisches Land LÖTZEN

In den letzten Wochen sind eine ganze Reihe vorgeschichtlicher Funde der Vaterländischen Gedenkhalle zur Verfügung gestellt worden. Gleichzeitig ist von den verschiedensten Seiten der Wunsch laut geworden, daß diese neuen Gegenstände möglichst bald den Besuchern der Gedenkhalle zugänglich gemacht werden sollen. Um biesen verständlichen Wünschen nachzukommen, wird in den nächsten Wochen in einer Sonderschau ein Teil der neuen Funde mit Angaben des Fundortes, Finders und der Fundumstände ausgestellt werden. Der genaue Zeitpunkt wird noch in der „Lötzener Zeitung" bekanntgegeben werden. Aber schon jetzt wollen wir allen danken, die durch ihre Aufmerksamkeit den Bestand unserer Sammlung so reichhaltig vermehrt haben.
      Hans Joachim Ponta.

Seite 72 Valentin Ponta Stadtbaumeister in Klagenfurt
Valentin Ponta Stadtbaumeister, katholisch, geb. 19.6.1842 in Zagliano/Friauli bei Gemona / Italien, gest. 10.1.1917 in Klagenfurt, u.a. baute er den Rainerhof, Josefidruckerei, Priesterseminar, Marienstift St. Veit, viele Villen und Häuser, verh. mit Clara Aichinger, Tochter von Josef Aichinger, Eisenkappel / Kärnten, 14 Kinder. Ein Sohn davon war Peter Ponta Uhrmachermeister und Goldschmied und einer seiner Söhne war H.J. Ponta.

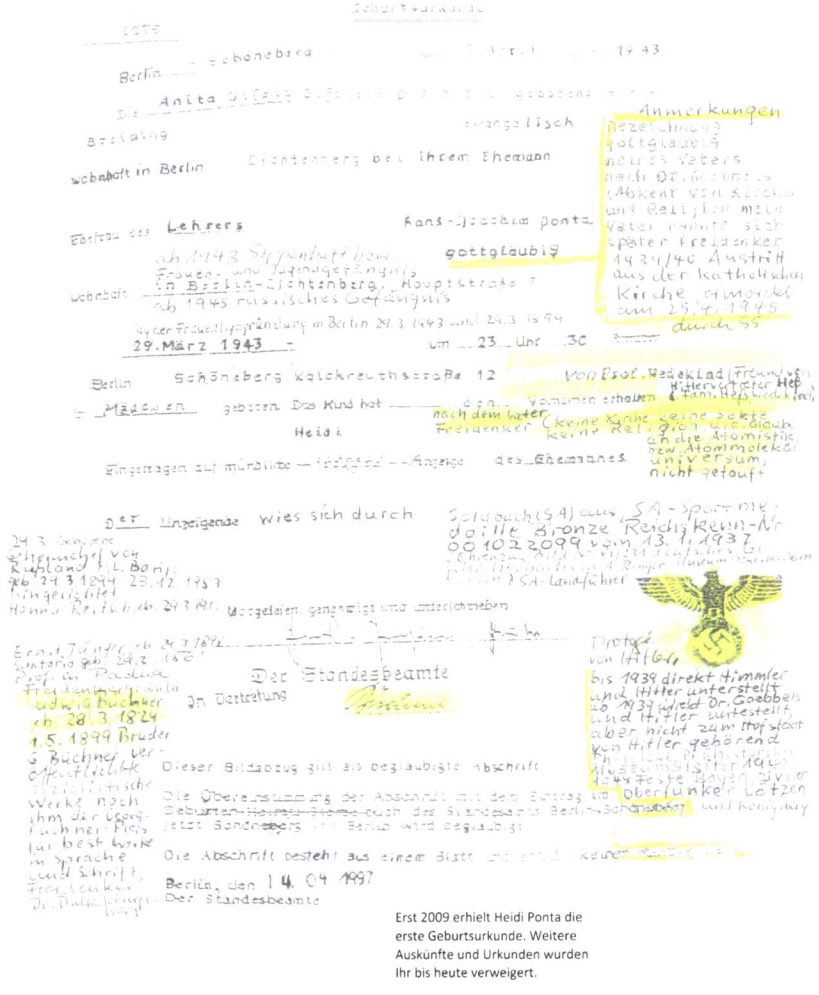

Erst 2009 erhielt Heidi Ponta die erste Geburtsurkunde. Weitere Auskünfte und Urkunden wurden Ihr bis heute verweigert.

Wußten Sie, dass die Herstellung eines Autos 30.000-50.000 L Wasser benötigt, 1 Tonne Stahl ebenso viel, 1 kg. Papier 100 L Wasser, 1 Bier 15 L Wasser, 1 kg Weizen 300-1000 L Wasser. Zu persönlichen Zwecken verbraucht ein Mensch in den USA 300 L pro Tag, in Europa 160 Liter pro Tag, in Afrika 30 Liter pro Tag. Durch Atombomben und andere Umweltschäden im Meer wurde das Meer schwer zerstört, Atombombenversuche haben die Fischwelt und Pflanzen vernichtet. Täglich sterben im Meer 100 Pflanzen und Tiere. Ein Mensch stirbt nach einer Woche ohne Wasser oder Getränke, ohne Nahrung stirbt ein Mensch nach 4 Wochen, Meereswasser muß als Trinkwasser entsalzt werden, aber die vielen Giftstoffe im Meer könnten dem Menschen schaden und doch ist das Meer das wichtigste, was die Erde besitzt. Verschwindet das Meer, stirbt die Erde.